- 全国教育科学规划项目"公费师范教育政策促进西部地区社会流
- 成都市哲学社会科学规划项目"城镇化过程中成都市终身教育体
- 统筹城乡教育发展研究中心项目"推进城乡职教师资队伍建设的
- 四川师范大学学术著作出版基金资助

中国成人教育教材发展史

ZHONGGUO CHENGREN JIAOYU
JIAOCAI FAZHANSHI

李攀◎著

四川大学出版社
SICHUAN UNIVERSITY PRESS

项目策划：陈克坚
责任编辑：陈克坚
责任校对：杨　果
封面设计：璞信文化
责任印制：王　炜

图书在版编目（CIP）数据

中国成人教育教材发展史 / 李攀著 . — 成都 : 四
川大学出版社，2021.12
ISBN 978-7-5690-5017-2

Ⅰ . ①中… Ⅱ . ①李… Ⅲ . ①成人教育－教材－教育
史－研究－中国 Ⅳ . ① G729.29

中国版本图书馆 CIP 数据核字（2021）第 195204 号

书名	中国成人教育教材发展史
著　者	李　攀
出　版	四川大学出版社
地　址	成都市一环路南一段 24 号（610065）
发　行	四川大学出版社
书　号	ISBN 978-7-5690-5017-2
印前制作	四川胜翔数码印务设计有限公司
印　刷	郫县犀浦印刷厂
成品尺寸	170mm×240mm
印　张	9.25
字　数	187 千字
版　次	2022 年 1 月第 1 版
印　次	2022 年 1 月第 1 次印刷
定　价	55.00 元

◈ 读者邮购本书，请与本社发行科联系。
　电话：(028)85408408/(028)85401670/
　(028)86408023　邮政编码：610065
◈ 本社图书如有印装质量问题，请寄回出版社调换。
◈ 网址：http://press.scu.edu.cn

四川大学出版社
微信公众号

前　言

　　首先，社会的重视催生了学界对教材建设的普遍关注。"十三五"期间，教育部整合各个司局的教材相关职能，专门成立教材局，"牵头负责教材建设和管理，承担国家教材委员会办公室工作。教育部相关司局根据教材工作的总体安排，负责相应学段、学科专业的教材建设工作，在职责范围内与教材局形成工作合力。各地教育部门和学校明确教材工作的职能部门，具体落实教材建设和管理职责。目前已有近一半的省级教育部门成立专门教材工作机构"①。在全国近 19 万种各级学历教育教材中，职业教育与继续教育类教材比重超过4 成，有近 8 万种。党和政府在对各级各类教材建设的重视程度不断加大的同时，进一步提高对教材研究的要求，学术界也逐渐兴起了教材科学研究的浪潮，但研究的重心往往都在基础教育领域。中小学教材最先受到社会关注，相对应的研究工作也逐渐成为学术界关注的重点。而成人教育教材编制与改革的研究显然滞后于基础教育教材。教材是教学实施的依据，是保证课堂教学秩序、主导教学方向、创新教学内容的重要知识载体。成人教育教材传递价值观念、反映国家意识，对个人潜能开发、公民素质提升、个体技能发展有着不容忽视的作用。受办学层次和教育对象特点的影响，成人教育教材既要满足社会经济对人才培养规格的要求，也要适应成人学习者的认知规律和心理发展水平。因而成人教育教材研究需要有新的突破。

　　其次，成人教育教材研究的立足点需要从"成年人的教育"迈向"成为人的教育"。"成人教育作为一种制度化、正规化的继续教育的形式，它不仅仅是一种学历教育，而是社会成员在寻求发展和更新、寻求自我实现的支持性的教育形式。"②"成人"的教育理念自古有之。孔子曰："若臧武仲之知，公绰之

---

　　① 教育部. 全国各级学历教育教材已近 19 万种　新的课程教材体系基本形成[EB/OL](2020－12－24)[2021－08－22]. http://www. moe. gov. cn/fbh/live/2020/52842/mtbd/202012/t20201224_507465. html.

　　② 金生鈜. 成人教育与公民素质的培养——对成人教育目的的哲学思考 [J]. 教育研究，2002(11)：47.

不欲，卞庄子之勇，冉求之艺，文之以礼乐，亦可以为成人矣。"[①] 强调 "成人" 要具备德性、才艺、智慧等多方面素质。《劝学》篇中讲到 "吾尝终日而思矣，不如须臾之所学也"[②]，这种蕴含着个体主动学习的思想与现代成人教育理念不谋而合。事实上，我国成人教育学科研究始于 20 世纪七八十年代，国内成人教育教材研究经历了早期国际成人教育思潮引入本土成人教育理论自我构建的转变。当前，"研究范式的重建离不开实践哲学精神指引下的理论创新，需要确立以成人发展为主题的研究纲领，明确以成人存在为原点的研究意识，尝试放弃传统的演绎教育学概念的做法，更多地深入到哲学、社会学、文化学、政治学、经济学、管理学，乃至有关自然科学等广泛涉及成人研究的学术领域，以宽广的学科视角去洞察、诠释鲜活的成人世界，以多样的研究途径去寻找、探获学科发展的方法和话语"[③]。一直以来，成人教育被认为是高等教育的重要补充，而缺少其学科的独立性。其教育的 "成人性"，即促使人之所以为人的教育功能还没有完全发挥。因而对成人教育教材的研究方法的创新、研究重点的把握和研究难点的解决都需要对 "成人" 这一核心概念的突破。对于各个朝代的成人教育教材的创新研究有助于理解在不同的社会环境和时代背景下 "成人" 的丰富内涵以及 "教材" 的本质属性。

最后，学习型社会对成人教育教材研究的时代呼唤。随着高等教育事业的不断发展，成人教育和高等教育自学考试的招生规模受到影响，也促使成人教育服务社会的功能转型，由以前的学历补偿教育逐步转变为职业技术教育和职后技能培训。成人教育教材产生之时，"学而优则仕" 的观念已经浸染了职业教育的色彩。彼时的成年人精研经典最终的目的就是 "朝为田舍郎，暮登天子堂"。信息化的今天，儒家经典教材早已不能满足现代人职业和生活的需要。现阶段的一些成人教育教材内容更新速度慢，难以适应行业快速发展的职业诉求；侧重理论灌输，忽视能力培养；缺乏对成人学习者职业生涯规划指导等。成人教育教材开发过程中，需要进一步注重个体创新性的培养，提高成人学习者的创造力；融合更丰富的实训内容，培养成人学习者的执行力；更凸显职业生涯的个体性，全面提升个体驾驭未来能力。综上，要实现成人教育教材的充分变革，都需要从研究做起。要充分吸收中华民族传统文化的精髓，加速成人教育教材研究的步伐，提升教材研究的理论水平。

---

① 孔子. 论语 [M]. 北京：中华书局，2006：128.
② 荀子. 劝学 [M]. 杨倞，注，上海：上海古籍出版社，2014：1—2.
③ 高志敏，纪军. 在 "成人" 与 "教育" 之间——成人教育学科发展的回顾与展望 [J]. 教育研究，2005（02）：35.

目 录

上 篇 中国成人教育教材发展纵览

下　篇　成人教育教材的现代发展与未来展望

绪　论

一、理论意义

首先，进一步丰富成人教育教材的科学研究。当下成人教育教材研究大部分集中在"教材建设""教材管理"等实践策略的思考，缺少对教材的基础理论研究。如果将成人教育教材策略与实践方面的研究看作"法"和"术"层面，那么成人教育教材基础理论就是研究的"道"。只有研究基础理论得到展现时，研究成果才能经受住实践的检验，研究逻辑才会在其他领域得到延伸，研究道路才会变得通畅。其次，进一步更新成人教育教材研究范式。"工欲善其事，必先利其器。"作为研究方法的"器"在教育研究中具有显著作用。成人教育教材研究者大部分采用比较研究、思辨研究的研究范式，从整体上论述成人教育教材建设、管理的建议和措施，实证研究涉及较少。实证研究是成人教育教材研究"深描"的必然，缺少了实证范式的教材研究难逃挫折发展的命运。因此成人教育教材研究在研究范式上预留下了较大的空白。

二、实践意义

本研究试图进一步丰富研究方法体系，让教材研究进一步科学化，为成人教育教材设计和编撰提供新的思路。教材是成人教育最关键的知识载体，是学校教育培养社会主义建设者和接班人的重要文本。作为社会价值观念传播的重要渠道，成人教育教材集中反映了国家成人教育观念。对成人教育教材进行研究时，着重从成人教育研究的本质层面进行回答，如成人教育教材研究的主体构成与体系结构是什么、本质是什么、时空分布是什么、内容构架与方式选择是什么等。研究者将充分关注和深刻理解所研究区域对成人教育教材的需求，突出区域特点，构建服务地区经济发展的成人教育教材。

三、文献综述

在已有的研究基础上，利用 Ucinet 社会网络分析工具对成人教育教材文献进行系统梳理，对核心文献进行研读与内容分析，探寻成人教育教材研究的热点，深层次把握数据背后的复杂关系并以图谱形式展示出来，为客观全面分析成人教育教材的研究现状与未来趋势提供一种新的思路。为全面了解我国成人教育教材研究的现状，准确把握成人教育教材的研究热点与未来趋势，综述采用社会网络分析法，对 CNKI 期刊全文数据库收录的成人教育教材的文献信息进行共词网络分析，通过网络图谱、中心性、树状聚类、多维尺度分析等多种方法，分析成人教育教材研究的重点和难点。研究结果显示：第一，成人教育教材研究的作者和机构分布形成了一定的特色。第二，该主题研究丰富，大致分为成人教育教材建设研究、成人教育教材管理研究、成人教育教材计划研究、成人教育教材改革研究四个主题。

　　采用的研究工具是 Ucinet 社会网络分析工具。Ucinet 是由美国加州大学尔湾分校弗里曼（Freeman）编写，美国波士顿大学博尔加蒂（Borgatti）和英国威斯敏斯特大学埃弗里特（Everett）共同维护更新的社会网络分析工具。它内置大量的网络指标计算模块，能处理 30000 个网络节点，既可单独进行矩阵化处理，又可转化为可视化图谱，是一款运算功能强大、综合性较强的社会网络分析工具。本研究采用 Ucinet 中知识图谱、树状聚类、多维尺度分析等具体方法，条分缕析我国成人教育教材研究的重点和难点。Bicomb 书目信息共现挖掘系统是由崔雷、刘伟等人联合开发的文本挖掘系统，"该系统所分析的主要对象包括：来自于权威的生物医学数据库——PubMed 数据库中的主题词/副主题词共现关系；来自于引文索引数据 Web of Science 的引文同被引关系。通过对这些共现数据的聚类分析和关联分析，挖掘出部分元数据之间的关联规则。同时，也针对文献计量学的基本指标（如作者、期刊、发表年代等）的发文和引文频数进行统计分析，最终提供可视化的结果"[①]。

　　截至 2020 年 8 月 15 日，选取来源于中国学术网络出版总库期刊全文数据库的数据，首先，以"成人教育教材"为篇名进行高级检索，检索出有效文献 62 篇，将搜索结果以 NoteFirst 格式进行保存。其次，利用 Bicomb 2.0 书目共现系统对成人教育教材的作者、机构进行提取，选择频次≥1，生成机构统计表、作者统计表并绘制成人教育教材研究力量地区分布图。然后利用 Bicomb 2.0 对成人教育教材研究的关键词进行提取，根据现实情况，选择词频≥2 为成人教育教材研究的高频关键词，并生成词篇矩阵和共现矩阵。最后，将 Bicomb 2.0 中生成的共现矩阵转化为 xls 格式，导入 Ucinet 中并将多

---

① 崔雷，刘伟，闫雷，等. 文献数据库中书目信息共现挖掘系统的开发 ［J］. 现代图书情报技术，2008（08）：71.

维矩阵进行二值化处理，利用 Netdraw 可视化工具，生成高频关键词网络图谱、多维尺度分析图谱及聚类树状图，分析成人教育教材研究的中心性、聚类、高频关键词等，梳理成人教育教材研究的热点和内在联系。

（一）研究现状

1. 作者分析

分析某一领域的研究者可以快速了解该领域的重要作者与研究团队。根据普赖斯定律，核心作者的计算公式为 $M=0.749\times\sqrt{(N_{max})}$（其中 M 指最低发文量，N_{max} 指对应年限中论文发表数量最多作者的论文数量），论文发表数量在 M 篇及以上的作者即为核心作者。本研究运用 Bicomb 书目共现系统对作者发文频次进行统计，可知成人教育教材领域中发文量最多的作者为李攀，发文量达 7 篇。经计算，发文量 2 篇及以上的作者为我国成人教育教材研究的核心作者。其中发文 2 篇以上的作者共有 6 人（见表 0-1），分别为李攀（7篇）、蒋华（5 篇）、谢福林（2 篇）、李普跃（2 篇）、杨红英（2 篇）、方文竹（2 篇），以上作者对成人教育教材研究进行了学术上的探索，并对该领域做出了一定前沿性探索。

表 0-1　成人教育教材研究核心作者表

序号	作者	发文量	占总发文量百分比
1	李攀	7	11.29%
2	蒋华	5	8.06%
3	谢福林	2	3.22%
4	李普跃	2	3.22%
5	杨红英	2	3.22%
6	方文竹	2	3.22%

2. 机构分析

研究某一领域的研究机构可以掌握我国成人教育教材研究的主要力量及分布。根据表 0-2，可得出以下结论：首先，从发文数量来看，四川师范大学、廊坊师范学院、成都中医药大学、西北政法大学、韶关学院、华南师范大学发文量靠前，占总发文量的 38.68%。其次，从机构类型来看，研究机构多为普通高校，可见普通高校对成人教育教材研究影响较大。

表 0-2　部分成人教育教材研究机构表

序号	机构	频次	占总发文量百分比
1	四川师范大学	14	22.58%
2	廊坊师范学院	2	3.22%
3	成都中医药大学	2	3.22%
4	西北政法大学	2	3.22%
5	韶关学院	2	3.22%
6	华南师范大学	2	3.22%

3. 研究地域分析

分析研究地域可以了解某一领域研究力量的地域分布情况。本研究运用 Bicomb 2.0 书目共现系统软件，对 62 篇成人教育教材研究的作者所在单位进行了提取，共有 48 家单位，涉及 17 个省（区、市）。从研究力量的地域分布来看，成人教育教材研究力量地区分布不均。四川省发文量最多，以发文量 18 篇位列第一，占总发文量的 28.12%，成为成人教育教材研究的重要地区。江苏省以发文量 7 篇位列第二。北京、河南、广东、黑龙江等地区以发文量 4 篇紧随其后，说明这些地区成人教育教材的研究比较活跃。西北地区、部分南方省份的成人教育教材研究较为薄弱，有待进一步加大对成人教育教材研究的投入力度。

（二）社会网络分析

关键词是研究内容的本质体现，统计某一领域关键词的频次可以直观反映该领域的研究热点与发展脉络。运用 Bicomb 2.0 对成人教育教材研究的文献进行提取，共获得有效关键词 127 个。综合考虑成人教育教材研究的关键词出现频次、实际情况，选取词频 2 次及以上的关键词作为成人教育教材研究的高频关键词，共获得 14 个高频关键词。由表 0-3 可知，成人教育教材研究前 14 个高频关键词为成人教育（28 次）、成人教育教材（21 次）、教材（14 次）、教材建设（10 次）、教材管理（10 次）、经学（7 次）、教材计划（3 次）、改革（3 次）、现状（3 次）、质量（3 次）、管理创新（3 次）、管理（3 次）、网络化管理（2 次）、信息（2 次）。这说明"教材建设""教材管理""教材计划""改革""网络化管理"是成人教育教材研究的重要主题，研究者们围绕着主题进行了探讨，以期推动成人教育教材研究在思辨与实证中得到积累与发展，提升成人教育教材研究的学术品质。

表0-3 成人教育教材高频关键词表

序号	关键词	频次	序号	关键词	频次
1	成人教育	28	8	改革	3
2	成人教育教材	21	9	现状	3
3	教材	14	10	质量	3
4	教材建设	10	11	管理创新	3
5	教材管理	10	12	管理	3
6	经学	7	13	网络化管理	2
7	教材计划	3	14	信息	2

高频关键共词是指两两出现的关键词。这些高频关键词之间错综复杂的联系如图0-1所示。

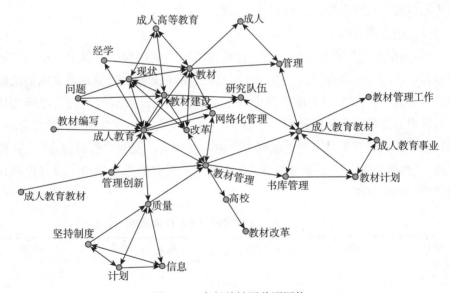

图0-1 高频关键词共词网络

1. 中心性分析

中心性分析一般包括点度中心性、接近中心性、中介中心性。本书利用 Ucinet 社会网络分析工具中 Network 功能，联合计算成人教育教材研究的三种中心性，得到节点的中心性数值。

（1）点度中心性分析

点度中心性表示两个点直接相连距离路径中的最小距离。点越大，表示在网络中越处于中心位置。由表0-4可知，排除与成人教育教材主题重名的关键词如"成人教育教材""成人教育""教材",可知"教材计划""教材建设"
"教材管理""质量""现状"关键词中心度高于其他关键词,表示这些关键词
在社会网络中处于中心位置,与其他关键词共现次数较多。如"教材建设"点
度中心性为26,表明"教材建设"与其他关键词共现26次,说明教材建设、
教材质量、教材管理处于网络中的中心位置,是研究者关注的焦点,也是成人
教育教材研究的侧重点所在。

（2）接近中心性

接近中心性的解读与点度中心性相反。某个节点接近中心度的值较小,表
示该点与其他节点的距离较短,需要很少的其他节点来传递信息。因此接近中
心度值越小的点越处于研究的核心地位。接近中心度的值越大,说明该点与中
心点距离越远,在信息资源、权力、影响力方面最弱。由表0-4可知,"成人
教育""教材建设""管理""研究队伍"等关键词接近中心度较低,处于研究
的中心位置,在信息资源、权力等方面影响较大。

（3）中介中心性

"中间中心度是衡量一个人是否在其他两人联系过程中占据中介位置的重
要指标,指的是网络中经过某点并连接这两点的最短路径占这两点之间的最短
路径线总数之比。"[①] 中心度也称中心性,中介中心性值越大,该关键词在社
会网络中起到的中介作用越明显。表0-4中,"成人教育教材""教材管理"
"研究队伍""教材质量"等关键词中介中心性较大,说明"教材建设""教材
管理""教材质量"等关键词处于成人教育教材研究的重要地位,具有控制其
他关键词的交往能力。

表0-4　部分关键词网络中心性情况表

序号	关键词	点度中心性	接近中心性	中介中心性
1	成人教育	72	274.000	2800.894
2	成人教育教材	56	249.000	4949.766
3	教材管理	22	248.000	2800.894
4	教材建设	26	311.000	826.383
5	研究队伍	5	280.000	859.832
6	教材质量	13	320.000	834.000

---

① 阮陆宁,张鑫,刘青. 我国科技管理现状、研究热点及对策——基于关系网络视角的社会网
络分析 [J]. 科技管理研究,2018 (22): 221.

2. 聚类分析

"聚类分析是共词分析中常用的一种方法，在共词分析的基础上，以共词出现的频率为分析对象，利用聚类的统计学方法，把众多分析对象之间错综复杂的共词网状关系简化为数目相对较少的若干类群之间的关系并直观地表示出来的聚类的过程。"[①] 本研究将 Bicomb 书目共现系统生成的词篇矩阵进行二值化处理后导入 Ucinet，选择 Tools—Cluster Analysis—Hierarchical，得到成人教育教材研究的聚类树状图（见图 0-2），可以将我国成人教育教材研究分为 4 个类别，分别为成人教育教材建设研究、成人教育教材管理研究、成人教育教材计划研究、成人教育教材改革研究。

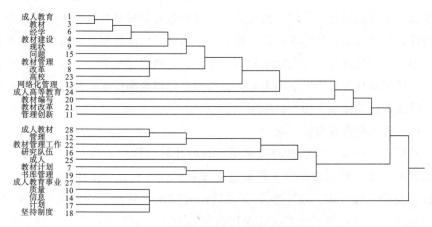

图 0-2　成人教育教材研究关键词树状聚类图

（1）成人教育教材建设研究

成人教育教材是人才培养过程中培养实践知识、发展学生智力、提高成人学习者道德修养的重要载体。成人教育目标、教育理念、教育要求等在成人教育教材中得到集中体现。在追求教材育人的过程中，成人教育教材应结合时代精神，发挥知识传授与自主学习的优势，及时更新教材内容，稳步提升教材的实用性与适应性效果，突出成人教育教材价值引领的内涵结构。这一主题下的关键词包括教材建设、教材编写、教材现状、问题等，集中研究包括成人教育教材现状、成人教育教材编写两个方面。一是成人教育教材现状。有学者指出：我国成人教育教材存在着实践性落后、教材选用相关机制不完善、价值取

---

①　钟伟金，李佳，杨兴菊. 共词分析法研究（三）——共词聚类分析法的原理与特点 [J]. 情报杂志，2008（07）：118.

向与社会本位错位等问题，提出要建立健全成人教材选用和管理体系，突出成人教育特点，丰富教材类型，选择或开发适应性强、具有职业指导性、实践性的成人系列教材。有学者分析我国成人教育教材使用现状，得出我国成人教育教材在教材种类、教材质量、知识传授、教学内容上存在着"少、低、偏、旧"等问题，从内容和管理两个方面出发，建议教材建设要掌握正确的方向，构建完善的教材体系。二是成人教育教材编写。准确严谨是教材的生命。有人认为教材在向学生传授知识、发展学生智力与培养学生能力中发挥着重要作用，在文章中论述了教材编写如何实现三者的有机统一，如精选和逐步更新内容、教材体系要符合学生接受知识的规律等。有观点围绕着建设高品质成人教育教材的目标，分析了成人教育教材开发的基本思路并对教材重点部分的编写要求和指导思想进行了介绍。杨红英认为成人教育教材具有区别于一般教科书的特性，如技能主导性、职业定向性等，提出评定成人教育教材需要满足的基本标准，即"是否与成人大学生的认知水平、心理规律相适应；是否符合社会需要，特别是社会未来发展的需要；是否很好地体现高校成人教育的多样化特点；是否很好地体现素质教育思想"[①]。

（2）成人教育教材管理研究

教材日常管理主要包含教材选用、教材征订、教材采购、教材入库、教材出库等工作。教材管理水平高低直接关系到成人教育工作开展和整个教学过程实施的工作效率。这一主题下关键词有网络化管理、管理人员、管理、管理创新、教材管理工作等。相关研究可以分为三个维度：第一，成人教育教材管理工作。有学者指出高校对教材建设、教材研究重视程度不够，往往更加偏向于教材日常管理研究，为实现教材的现代化管理、保证教材质量，建议从教材选用、教材建设、教材工作方法、教材人员素质等角度进行系统联动，共同推进成人教育教材管理工作的稳步开展。有人针对成人教育的特点，从教材管理各个环节出发，分析高校成人教育管理存在的问题并提出解决对策和建议，如教材库房管理、教材档案管理等。有学者着眼于中医药成人教育教材管理，在调研基础上分析总结中医药成人教育教材的现状与问题，进而提出建议。第二，成人教育教材网络化管理。网络化管理是指利用互联网技术及数据库技术对成人教育教材进行有效管理。成人教育教材网络化管理通过挖掘各种信息资源，建立良好稳定的管理环境，大大节省征订、采购、入库、出库等环节的人力、物力和时间，提高教材管理的效率。这一

---

① 杨红英. 高校成人教育教材评价探析［J］. 成人教育，2007（04）：47－48.

主题比较有代表性的文献有：李桂兰详细介绍了辽宁石油化工大学成人教育教材的网络化管理系统，该系统分为教材信息预备模块、教材信息存储模块和教材使用信息反馈模块。有人对高校成人教育教材传统管理方式效率低下、方式复杂等问题，对成人教育教材管理信息化建设提出了几点思考。第三，管理人员能力与知识素质。就管理人员能力而言，对成人教育教材管理人员的管理能力进行了剖析，系统归纳了科学管理成人教育教材所必需的能力内涵结构。就管理人员知识素质而言，有人对成人教育教材管理人员的知识也进行了相应的论述，得出管理人员必备的知识素质包括"文化知识、政治理论知识和专业知识"。

（3）成人教育教材计划研究

"凡事预则立，不预则废。"成人教育教材计划是成人教育教材编制工作的前提环节和重要保障。一般成人教育教材征订过程与普通教材征订环节一致。首先，成人教育学院向各个学院或系发送教材征订单；其次，各个学院根据本学院专业课程设置及学生发展需求，选择合适教材，在征订单上填写教材名称和出版社名称、编者、次号等信息，并返还回成人教育学院，再由成人教育学院填写教材预定单和采购单。但随着成人教育迅速发展，成人教育的学习形式与学习层次呈现多样性，计划招生人数与实际人数参差不齐，导致成人教育教材征订存在着不确定性。研究者针对这一问题提出了相关建议，有学者针对成人教育教材存在的供需失衡的现状，提出建立规范化的教材征订计划，由管理人员根据成人教育专业、计划招生数等预测成人教育学生人数，并作为教材征订的数据基础。有人关注教材计划的科学性，提出成人教育教材计划的改进建议。如根据招生特点确定征订数量、及时了解成人教育出版的信息动态、充分调查并积极配合各教研室、选择合适教材并做好自编成人教育教材的印刷计划等。另外针对教材选用计划中存在的教材版本老旧、质量不高及不同办学层次使用同一教材等诸多问题，方竹根从完善教材管理体系进行探讨，提出建立教材审定会、鼓励教师编写并出版教材等。[①] 有研究者从不同层次成人教育教材选用、成人教育教材内容等角度出发，提出教材选用要坚持最优原则，以成人教育学科专业设置为依据，及时反映时代与科技进步的创新成果，吸收最新的规范与标准，选择科学的成人教育教材。

（4）成人教育教材改革研究

教材改革是推进教育改革的重要举措。无论是 20 世纪五六十年代以布鲁

---

① 方竹根. 谈高等学校成人教育教材选用机制［J］. 中国成人教育，2002（09）：30.

纳为代表的美国学科结构运动还是 20 世纪 90 年代进行的大规模教育改革，无不是以教材改革为推动的。成人教育教材改革对成人教育工作的重要主体有着显著影响。对教育行政管理部门来说，成人教育教材编写、审议、修订等是培养国家未来接班人和建设者的重要文本工作；对教师来说，成人教育教材的任何变化都会直接影响他们的日常教学活动。再加上成人教育教材体系本身也存在着不合理的地方，因此教材改革成了成人教育教材研究的热点。有学者根据高等中医药学的特点，分析成人教育教材改革的必要性及成人教育教材改革的基本思路，提出教材改革要与课程改革同步同行、教材编写要注重层次和使用及成人教育特点等。有人对高校成人教育教材管理进行了反思，从成人教育教材管理工作实效、功能转变、人员转型等多角度论述成人教育教材管理改革的必要性和可行性，并提出未来高校成人教育教材管理可以采取的建议。齐嘉陵总结教材管理中存在的问题，并从河南工业大学教材管理改革实践出发反思成人教育教材管理的创新路径，如"坚持教材费取之于学生用之于学生、教材采购后勤化"。[①] 李凌等人采用座谈和成人教育教材内容分析两种方式，对北京市农村成人教育教材情况进行了分析，研究指出，农村成人教育教材存在着理论性过强、更新性较慢、缺乏科学的选用和评价机制等问题，进一步从教材建设、教材管理、教材科学体系等方面提出建议。

3. 多维尺度分析

多维尺度分析是指借助元素所构成的构面图表达资料背后隐藏的内涵的一种分析方法，其目的是帮助研究者充分挖掘一组数据背后隐含的深层结构。首先将已经二值化处理成人教育教材高频关键词的词篇矩阵并导入 Ucinet 软件中，选择 Tools—Scaling/Decompositon—Metric MDS，得到成人教育教材研究高频关键词的多维尺度分析图（见图 0-3）：

多维尺度绘出的图被称为战略坐标。坐标系中，横轴为向心度（Centrality），表示领域间相互影响的强度，纵轴为度（Density），表示某一领域内部联系的强度。战略坐标划分为四个象限，一般认为处于第一象限的关键词连接紧密，处于研究的中心位置。第二象限的主题结构较为松散，具有很大的研究潜力，有待学者进一步研究考察。第三象限主题内部连接紧密，已有研究机构在进行研究。第四象限的关键词处于研究的边缘位置，重要性较小。综上所述，主题一关键词位于第一、二象限，位于第一象限的关键词有教材管理、教材管理工作、教材编写、改革等，表明我国目前成人教育教材研究的热

---

① 齐嘉陵. 坚持创新成人教育教材管理之我见 [J]. 继续教育研究，2008（07）：10.

点为教材管理研究，处于成人教育教材研究工作的中心。位于第二象限的关键词有研究队伍、改革、高校等，表明国内学者对这些关键词研究较少，有进一步研究的空间。主题二关键词位于第二、三象限，教材建设位于第二象限，说明成人教育教材建设研究较少，有较大的研究潜力。经学、教材等关键词位于第三象限，说明关键词间连接紧密，已有专门机构开始正式研究。主题三关键词位于战略坐标的第二、三、四象限，教材计划位于第二象限，说明教材计划研究领域涉及较少，是未来研究的重点方向。书库管理、成人教育事业等关键词位于第三象限，表示关键词结构紧密，已经开始正式研究。质量、信息、教材建设制度、计划等关键词位于第四象限，表示这些关键词位于成人教育教材研究的边缘位置，研究存在着滞后性问题。主题四关键词位于第四象限，说明教材改革在成人教育教材研究中的重要性较小。

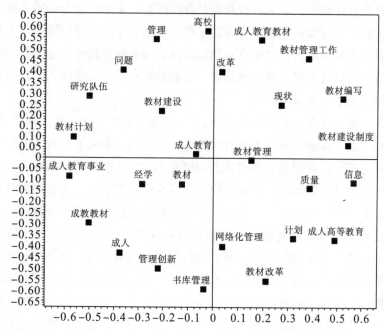

图 0-3　成人教育教材研究多维尺度分析图

（三）研究评述

通过运用 Ucinet 社会分析网络工具对近年来成人教育教材研究进行系统梳理，概览成人教育教材研究的热点主题，以直观可视化图谱进行演示，从中发现以下结论：第一，成人教育教材研究作者方面，根据文献计量中的普赖斯定律，发文两篇以上为成人教育教材研究的核心作者。经统计，李攀、蒋华、谢福林、李普跃、杨红英、方文竹等人为成人教育教材研究的核心作者，对成人教育教材研究做出了一定的贡献。第二，成人教育教材研究机构方面，本研究运用 Bicomb 书目共现系统提取工具对成人教育教材研究的作者机构进行提取。就机构发文量而言，四川师范大学、廊坊师范学院、成都中医药大学、韶关学院、西北政法大学、华南师范大学发文量靠前，占总发文量的 38.68%。就研究机构类型而言，普通高校、高职院校、广播电视大学成为成人教育教材研究的主要机构。第三，成人教育教材研究力量分布方面，成人教育教材研究力量分布不均。四川、江苏、北京、广东、河南等地区为成人教育教材研究的主要区域，西北地区、南方部分省份对成人教育教材研究较少，有待进一步加强研究投入力度。第四，成人教育教材研究主题方面，运用 Ucinet 生成关键词的聚类树状图和多维尺度分析图进行研究。聚类树状图显示，成人教育教材研究具体可分成四个聚类：成人教育教材建设研究、成人教育教材管理研究、成人教育教材计划研究、成人教育教材改革研究。多维尺度分析图主要分析关键词研究的重要程度，并以图谱方式呈现。根据多维尺度分析图，成人教育教材管理研究为该领域的研究重点和热点所在，成人教育教材计划研究和成人教育教材改革研究处于研究的边缘位置，重要性较小。后续的成人教育教材研究应该从以下四个方面着力：

首先，更新成人教育教材研究范式。"工欲善其事，必先利其器。"作为研究方法的"器"在教育研究中具有极其显著的作用。事实上，成人教育教材研究者大部分采用比较研究、思辨研究的研究范式，从整体上论述成人教育教材建设、管理的建议和措施，实证研究、实验研究涉及较少。实证研究是成人教育教材研究"深描"的必然，缺少了实证研究范式的成人教育教材研究，其难逃挫折发展的命运。因此成人教育教材研究在研究范式上预留下了极大的空白。例如，研究者可以采用质化研究和民族志等研究方法。质化研究将教材视为不同价值判断、社会要素互动的产物，是一个动态过程，期待了解不同情境中教材何以产生及教材背后的社会脉络的互动关系。如，民族志研究，研究者深入教材产生和使用的日常生活中，获得第一手资料，最大程度还原教材产生过程的各种社会现象及帮着使用者理解建构教材意义。

其次，丰富成人教育教材理论研究。成人教育教材是成人教育最关键的知识载体。作为社会价值观念传播的重要渠道，成人教育教材集中反映了国家成人教育观念。对成人教育教材进行研究时，首先我们要对成人教育进行实态研究，着重从成人教育研究的本质层面进行回答，如成人教育教材研究的主体构成与体系结构是什么、本质是什么、时空分布是什么、内容构架与方式选择是什么等。通过前面的分析可知，当下成人教育教材研究大部分集中在对"教材建设""教材管理"等实践策略的思考,缺少对成人教育教材基础理论的研究。从长远来看,成人教育教材基础理论研究是非常有必要的。如果将成人教育教材策略与实践方面的研究看作"法"和"术"层面,那么成人教育教材基础理论研究就是研究的"道"。只有研究基础理论得到展现时,研究成果才能经受实践和历史的打磨,研究逻辑才会在其他领域得到延伸,研究道路才会变得通畅。

再次,丰富成人教育教材研究的内容。第一,成人教育教材深入哲学、社会学、人类学领域,汲取各个领域理论精华,以宽广的视野洞察诠释鲜活的成人世界,建立多学科的成人教育教材研究模式。第二,成人教育教材研究者应从成人教育教材背后鲜活的社会现象出发,选择、归纳、总结并形成具有现实意义研究的问题,并结合具体的教学实践,尝试解决成人教育教材中的重点和难点问题。第三,从纵向和横向出发研究成人教育教材,如从历史长河中总结成人教育教材工作经验,发现成人教育教材规律。从横向上,融合吸收国外优秀成人教育教材,凸显本土化成人教育教材的特色。第四,研究信息化时代下各个版本的成人教育教材,重视对教育学教材的编写、审定、出版、发行、选用的研究,"既要重视教材内容的研究,又要重视内容呈现方式的研究"①。

最后,彰显成人教育教材研究的本土特色。数据显示,成人教育教材研究力量分布不均。研究力量集中分布于个别省市,西北及南方部分省份开展成人教育教材研究较少。可见受地区发展水平影响,研究力量的整体分布情况也会有差别。因此,要加大部分省市对成人教育教材的科研投入力度。成人教育教材理论研究方面以借鉴国外理论为主,虽然有部分学者对本土成人教育教材历史进行系统梳理,但仍处于探索阶段。研究者必须充分关注和深刻理解所研究地域对成人教育教材的需求,突出区域特点,构建乡土气息浓厚又服务于地区经济发展的成人教育教材。

四、研究方法

(一) 文献研究法

袁振国指出:"实证研究不是一种具体的研究方法,而是从最严格控制变量的实验研究、准实验研究,到完全不控制变量的大数据分析的方法体系,它包括考古研究、文献研究、调查研究、访谈研究、观察研究、视频分析研究、

---

① 杨燕,刘立德. 改革开放 40 年来教育学教材研究的回顾与展望 [J]. 课程·教材·教法, 2018, 38 (04): 22—23.

词频研究、知识图谱分析、统计研究等等。"① 基于对历代经典教材和官修史书等文献记载的事件、案例进行分析和研究，能够对教材发展进程进行全景式观察。而且史学研究本身的特殊性，导致研究者无法回到当时的社会场域进行回溯式的调查研究，所以通过文献研究法来管中窥豹，显得尤为必要。这样的研究方法贯穿本书全篇，通过对不同版本的儒家经典、注疏、官修史书的搜集和研究，形成对教材发展史的清晰认识。

（二）历史研究法

历史研究法"就是借助于对相关社会历史过程的史料进行分析和整理，以探求研究对象本身的发展过程和人类历史发展规律"②。儒家经典教材的产生、发展、鼎兴和衰落跨越了整个漫长的封建社会。作为封建社会的权威和首要的人才选拔制度的科举制，让卷帙浩繁的儒家经典和释义文献最终走向一统，科举制度和教材制度成了封建统治者进行思想统治的明线和暗线。要理清教材体系的发展脉络就需要充分收集春秋战国时期以来的原始资料，进一步探求教材发展历程体现出来的教育规律。坚持马克思主义的唯物史观的原则，对各个朝代的教材建设过程中呈现出的历史阶段性特点进行深入挖掘。

（三）比较研究法

比较研究法是将不同阶段的同一事件或现象进行纵向比较，或者是对相同阶段的不同事件或现象进行横向比较。"比较研究法可以克服教育研究的狭隘性，把所研究的个别教育现象或问题纳入到广阔的教育理论背景和教育系统的整体之中，去思考各种教育问题，分析同类或异类问题中的因果关系。"③ 新时代的教材研究者需要透过不同时代的纷繁芜杂的教育场域的表象，找出教材建设的发展规律。同时还需要根据以往成人教育教材建设和发展过程中的不足，对我国未来成人教育事业的发展提出适当的建议。比较的过程不是目的，而是要"知古通今""以史为鉴"。

五、概念界定

（一）成人教育

达肯沃尔德和梅里安对于成人教育的定义："成人教育是这样的一个过程，

---

① 袁振国. 实证研究是教育学走向科学的必要途径［J］. 华东师范大学学报（教育科学版），2017，35（03）：9.

② 陈志刚. 历史研究法在教育研究运用中应注意的要求［J］. 教育科学研究，2013（06）：76.

③ 刘忠政. 论教育比较研究法［J］. 海南大学学报（人文社会科学版），2008（01）：113.

在这个过程中，那些主要责任是以成人状态为特点的人们为了使知识、观点、价值或技能产生变化而从事系统的持续的学习活动。"[①] 联合国教科文组织将"成人教育"定义为"对于今天世界上许许多多成人来说，成人教育是代替他们失去的基础教育。对于那些只受过很不完全的教育的人们来说，成人教育是补充初等教育或职业教育。对于那些需要应付环境的新的要求的人们来说，成人教育是延长他现有的教育。对于那些已经受过高等训练的人们来说，成人教育就给他们提供进一步的教育。成人教育也是发展每一个人的个性的手段"[②]。成人教育的定义在学术界还存在广泛的争议，我们认为成人教育就是对那些超过了接受普通教育年龄的成年人所开展的教育。我国封建时代多将束发结髻作为成年标志，即个体年满 15 岁就开始履行成人的义务和责任。超过 15 岁的成年人还在参加学习的多是欲通过科举考试获取功名的读书人。因而古代的成人教育就是以 15 岁以上的成年人为对象开展的教育教学活动。

（二）教材

学界普遍认为："一般关于教材有两种解释：一是，根据一门学科的任务编选组织具有一定范围和深度的知识及技能的体系，一般以教科书的形式来具体反映。二是，教师指导学生学习的一切教学资料，包括教科书、讲义、讲授提纲、参考书、辅导材料以及教学辅助材料。教科书、讲义、讲授提纲是教材整体中的主体部分。"[③] 徐超富认为："教材是指有关讲授内容的材料，如书籍、讲义、图片等，凡是与教学密切相关，并可当作教授内容的材料称之为教材。"[④] 曹献民认为："电大教材是教学大纲所规定的知识内容的具体阐述，是教师教学的主要依据，是学生获得知识的主要来源，是教学三要素中的一个重要因素。"[⑤] 夏家夫等对成人教育教材下的定义是："成人教育教材是根据成人教育教学大纲及学科的任务和实际需要，为师生教学使用而编选的教学用书。包括具有一定范围和深度的知识和技能体系的教科书、讲义和讲授提纲，以及参考书刊、辅导材料、教学辅导材料等。"[⑥] 综上所述，本书所涉成人教育教材即服务于官方和民间的学校教育中所使用到的经典文本。

---

① 达肯沃尔德，梅里安. 成人教育——实践的基础 ［M］. 刘宪之，蔺延梓，刘海鹏，译. 北京：教育科学出版社，1984：13.

② 联合国教科文组织国际教育发展委员会. 学会生存——教育世界的今天和明天 ［M］. 华东师范大学比较教育研究所，译. 北京：教育科学出版社，1996：247.

③ 中国大百科全书总编辑委员会《教育学》编辑委员会. 中国大百科全书教育卷 ［M］. 北京：中国大百科全书出版社，1985：144.

④ 徐超富. 试论函授教材的建设 ［J］. 现代远距离教育，1993（04）：50.

⑤ 曹献民. 教材建设之我见 ［J］. 教学研究，1996（09）：53.

⑥ 夏家夫，焦峰. 成人教育管理概论 ［M］. 开封：河南大学出版社，1999：259.

◎上　篇◎
中国成人教育教材发展纵览

第一章　先秦及秦代

先秦时期包含了上古原始社会时期，夏、商、周的奴隶社会时期，以及春秋战国从奴隶社会向封建社会的转型时期。这段时期思想自由、百家争鸣，涌现了大批思想巨擘，也产生了对后世影响深远的儒学巨著。儒家经典包括孔子和孟子的言论集《论语》和《孟子》，而《易》《礼》《书》《诗》这几种被后世称为"经"的儒家经典，《尚书》在先秦时期被称作《书》，是记录上古时期的史书。王立洲认为："远古蒙昧，文献阙如，其教育状况也不可知。今日可见最早的有关教育内容的记载当推《尚书》。中国最早的贵族教育，就是以'诗乐'为主要内容的。"①

一、先秦及秦代成人教育教材发展历程

（一）夏、商、周时期

夏、商、周时期属于我国奴隶制社会，已有各层次的学校教育。同时文字的出现让教材应运而生。"我国夏代已进入有文字记载的文明时代。既有图籍，也有学校教育。先秦典籍引用了夏代的书籍，也有关于夏代学校的记载。前者如《左传·昭公十七年》引用了《夏书》关于日食的记录，说明夏代已有书，后者如《礼记·明堂位》：'序，夏后氏之序也。'同书《王制》：'夏后氏养国老于东序，养庶老于西序。'《古今图书集成·学校部》说：'夏后氏设东序，为大学，西序为小学。'又据《孟子·滕文公上》：'序者，射也。'序起初是教射的场所，后来成为奴隶主贵族进行议政、祭祀、养老和教育子弟的场所。它不是纯粹的教育机关，但教育是它的一个重要职能。夏代除国都外，地方也有学校。《孟子·滕文公上》曰：'夏曰校。'朱熹《孟子集注》说：'校是乡学。'《史记·儒林传》也说：'乡里有教，夏曰校。'夏代'为政尚武'，教育的目的是培养能射善战的武士。《文献通考·学校考》说：'夏后氏以射选士。'除军

---

① 王立洲. 先秦"诗乐教育"理论体系及其功能机制［J］. 吉林省教育学院学报，2017，33（09）：143.

事训练外，还有宗教教育和人伦道德教育，这就需要用文字记载的书籍.'"①

殷商学校教育的内容，"除军事教育外，重视尊神和孝祖教育，祭祀活动有相应的礼仪和音乐，即礼乐教育，并注意学习先王典册，了解先王业绩，传授统治经验。此外，还重视书教，即学会使用文字、阅读和书写。商代已采用十进位法，数学计算也是教学内容之一。这些都是后来'六艺'教育的雏形"②。

周代的高等教育机构被称为辟雍，即所谓的"天子之学"。诸侯的教育机构称为泮宫，主要进行骑射教育。《礼记》中的《王制》篇曾记录："天子命之教，然后为学。小学在公宫南之左，大学在郊。天子曰辟雍，诸侯曰泮宫。"③主要的教育内容有："乐正崇四术，立四教，顺先王《诗》、《书》、《礼》、《乐》以造士。春秋教以《礼》、《乐》，冬夏教以《诗》、《书》。"④

（二）春秋战国时期

春秋战国时期是奴隶社会迈向封建社会的过渡时期。这一时期礼崩乐坏、群雄争霸，周朝的统治逐渐瓦解，官学衰微，私学渐盛。"文化的下移为民间私立学校教育的出现做了师资和教育内容上的准备。《诗·郑风·子衿》被认为是'刺学校废也'的诗篇。表明'乱世则学校不修'。《左传·昭公十八》也记载了贵族子弟'不悦学'，他们认为'可以无学，无学不害'。就在西周官学走向衰败的过程中，私人办学悄然兴起。《淮南子·俶真训》说：'周室衰而王道废，儒墨乃始列道而议，分徒而讼。'学在官府也演变成了学在四夷，《吕氏春秋·离谓》记载，在孔子之前，邓析著《竹刑》，创办私学教人怎样打官司。'民之献衣，襦袴而学讼者，不可胜数。'"⑤杨元业等认为："先秦时期已出现了一批以文字书籍为传播媒介的道德教育理论著作。仅以《汉书》所列来说，其中儒家的著述就有35种，代表作有《论语》、《孟子》、《荀子》。道家的著述有37种，代表作有《老子》、《道德经》、《庄子》。这些仅是当时诞生的大量文字媒介著作中的一部分。"⑥ 其中《礼记》中的名篇《学记》《大学》与《荀子》中的《劝学》等篇目更是专门就教育问题进行详尽论述。"《学记》与《大

① 李瑞良. 教育者的踪迹——先秦图书流通的区域和网点（下）［J］. 出版科学，1999（03）：41.
② 李瑞良. 教育者的踪迹——先秦图书流通的区域和网点（下）［J］. 出版科学，1999（03）：41.
③ 佚名. 礼记［M］. 上海：上海古籍出版社，2016：145.
④ 佚名. 礼记［M］. 上海：上海古籍出版社，2016：155.
⑤ 樊继轩. 中国先秦时期私立教育综述［J］. 黄河科技大学学报，2004（04）：29-30.
⑥ 杨元业. 浅论先秦时代"士"阶层与道德教育传播［J］. 湖北大学学报（哲学社会科学版），2002（06）：108.

学》就是这时代丰富的私立教育经验与教育理论的总结，也是世界上最早出现的自成体系的古典教育学专著。"①

（三）秦代

秦王嬴政在灭六国之后，完成了自上古时代以来的首次全国性统一，史称"秦始皇"。暴政导致秦代短命而亡，为刘邦率领的军队所灭。伴随着书同文、车同轨、统一度量衡等系列自上而下的强力改革，对民众思想的控制也随之提上议程。丞相李斯认为随着国家的大一统，需要思想上的大一统。列国争霸时期的私学林立、百家争鸣的思想自由已经不能适应当前的统治需要了。"今天下已定，法令出一，百姓当家则力农工，士则学习法令辟禁。今诸生不师今而学古，以非当世，惑乱黔首……臣请史官非秦记皆烧之。非博士官所职，天下敢有藏诗、书、百家语者，悉诣守、尉杂烧之。有敢偶语诗书者弃市。以古非今者族。"② 于是，"焚书坑儒"的文化专制政策拉开序幕。李宏指出："禁私学、焚书是毁灭文化的死的载体，堵截文化的传播途径，坑儒则是对人——这一活的文化载体的泯灭。焚书坑儒是秦为了达到思想的统一，而奉行的文化专制和愚民政策的反映，这种思想专制的主张本由韩非提出，秦始皇在实施的过程中有过之而无不及。以焚书坑儒为标志的秦王朝文化高压政策，其基本出发点无疑在于期望通过政治上的统一而统一文化，统一学术，以利于巩固和发展政治上的统一和稳定。"③

二、先秦及秦代成人教育教材发展特点

（一）教材价值取向从"学而优则仕"到"以吏为师"

儒家学派历来强调"仕而优则学，学而优则仕"，意指做官优秀的人也需要不断学习，进一步提高自身从政素养。"先秦儒家教育的内容包括政治道德和文化知识两方面，其中以政治道德教育为重点。"④ 而优秀的人需要出世为官，将书本知识转化为实实在在的实践智慧。"'学而优则仕'既是孔子倡导的重要教育思想，也体现了儒家'内圣外王'的政治理想。它的提出是春秋时期治国理政、选贤任能和各学派以其学说救治社会的需要，透射出士君子的担当

---

① 樊继轩. 中国先秦时期私立教育综述 ［J］. 黄河科技大学学报，2004（04）：30.
② 司马迁. 史记 ［M］. 北京：中华书局，1959：2539.
③ 李宏. 焚书坑儒对秦汉文化教育政策的影响 ［J］. 历史教学（高校版），2008（22）：104.
④ 葛馨，张苑勋. 先秦儒家教育思想及其影响 ［J］. 黑龙江教育学院学报，1999（02）：18.

情怀、伦理追寻、能力要求以及平等观念。"① 而到了我国第一个大一统的朝代，秦代文教政策发生了剧烈变化。借由法家思想一统天下的秦代统治者，在儒家思想和法家思想产生抵牾之时，将治国方略的筹码拨向了法家一方。特别是在当朝丞相李斯等人的推动下，"以吏为师"成为历史的必然。

（二）教材内容从儒家的礼教到法家的法教

以孔孟为代表的儒家学派强调人的德性发展，追求"仁义礼智信、温良恭俭让"的高尚人格品质。"'子以四教，文、行、忠、信'（《述而》），其中'行、忠、信'都属于道德范畴。'文'有一部分属于道德教育，一部分属于文化知识。由此可见，德育在先秦时期具有举足轻重的地位"②。相较而言，为了保障既得利益阶层的政治和经济利益，法家更强调法治。早在秦孝公时期，"公孙鞅、甘龙、杜挚三大夫御于君。虑世事之变，讨政法之本，求湿民之道"③。不仅如此，在刚结束的战国时期的诸侯混战中，"乱世用重典"成为秦王朝的首选。在形成大一统国家之后，为了适应中央集权的需要，仍需制定国家、社会、个人共同遵守的法律法规。"法已定矣，而好用六虱者亡。民毕农，则国富。六虱不用，则兵民毕竞劝而乐为主用，其竟内之民争以为荣，莫以为辱……六虱：曰礼、乐，曰《诗》、《书》，曰修善，曰孝弟，曰诚信，曰贞廉，曰仁、义，曰非兵，曰羞战。国有十二者，上无使农战，必贫至削。十二者成群，此谓君之治不胜其臣，官之治不胜其民，此谓六虱胜其政也。"④ 按《商君书》的观点，尊崇法家思想的秦代完全摒弃了儒家的治国思想。

（三）承载的成人教育理念从成为"人"的教育到成人职业教育

《礼记》云："冠者礼之始也。"儒家经典强调成人礼之后，需要按照成年人的要求，承担起自己的社会职责。"成人之者，将责成人礼焉。责成人礼焉者，将责为人子、为人弟、为人臣、为人少者之礼行焉。将责四者之行于人，其礼可不重与！故孝弟忠顺之行立，而后可以为人；可以为人，而后可以治人也。故圣王重礼。故曰：冠者礼之始也，嘉事之重者也。"⑤ 郑军认为："士冠礼将生理学意义上的'成人'与伦理学意义上的'成人'融合起来，着重于对社会成员进行社会道德的教化，因此，士冠礼在仪节的安排以及礼器的

---

① 李申申，李小妮."学而优则仕"再解读 [J]. 中州学刊，2018（08）：113.
② 葛馨，张苑勋. 先秦儒家教育思想及其影响 [J]. 黑龙江教育学院学报，1999（02）：18.
③ 商鞅. 商君书 [M]. 北京：中华书局，2011：1—2.
④ 商鞅. 商君书 [M]. 北京：中华书局，2011：100—101.
⑤ 佚名. 礼记 [M]. 上海：上海古籍出版社，2016：670.

设置等方面蕴含着丰富的道德教化内容，体现出对于社会成员的人生引导，具有积极的现实意义。"① 可以看出，先秦时期的育人理念已经凸显出人的主体价值。在学术思想不断地争鸣与碰撞之中，成为什么样的人，怎样成为社会需要的人，成为先哲们不断追问的问题。而到了秦始皇统治时期，知识的实用性得到了前所未有的重视。维持国家机器运转需要一大批通晓律法且精通基层治理的知识分子，因而"吏"这一重要职业阶层应运而生。"秦朝实行'以吏为师，以法为教'的政策，禁毁私学，使宦学几乎成为唯一的教育形式。当时还设立了专门训练吏员的机构'学室'。"② 另外，焚书坑儒之后，仍留存了大量的农耕生产、医药、卜筮等书籍。及秦禁学，易为筮卜之书，独不禁，故传授者不绝也。因而自先秦以来的职业教育思想一直未曾中断，在秦代得到了很好的发展。

三、先秦及秦代成人教育教材的发展历程和特点对当今的启示

（一）阶层流动的公平取径：实现成人教育教材的高质量提升

尽管先秦儒家思想的"学而优则仕"，以及秦代的"以吏为师，以法为教"都有其时代局限性，但前人的育才思想放在当代依旧熠熠生辉。"学而优则仕"往往被简单理解为读书的目的就是做官。"作为古代教育的开创者，孔孟的教育目标当然有自身的盲点和历史局限性，先秦儒家学者认为人们通过道德修养达到完善的道德境界是建立王业、治理好国家的基础。而当一个人完成了德的修养，进化为'君子'之后，就应该积极入仕，投身仕途，辅弼君主，只有这样，才能完成'博施于民而能济众'的'既仁且圣'的伟大功业。弟子们向孔子求教求学的最终目标也是为了做官。"③ 不可否认，读书人最重要的求学目的是促进自身的阶层流动，通过从普通的平民百姓跃迁到"士"的阶层，实现自身及家庭的境遇改善，特别是在缺少科学合理的人才选拔任用方式的当时，有且只有知识储备多的人能够更有效地为国家创造财富。穿越漫长的中国历史，我们仍然能够看到教育在社会分层中的重大作用。经过历朝历代的广泛探索，无论是察举制、征辟制还是九品中正制等都存在这样那样的痼疾。因而在后来，科举制被创造、运用并发扬光大，甚至走出国门，走向世界，其一定程

---

① 郑军. 论士冠礼仪式体现的先秦儒家"成人"教育思想 [J]. 常州信息职业技术学院学报，2011，10（03）：85.

② 路宝利. 中国古代职业教育史 [M]. 北京：经济科学出版社，2011：99.

③ 刘德贵. 先秦儒家教育目标述评 [J]. 青岛大学师范学院学报，2001（02）：58.

度上在公平价值取向上获得了社会的广泛认可。如今，成人教育逐渐演变为终身教育体系的重要环节，弱化了其促进社会流动的功能。现有的成人教育制度主要通过参与成人教育增值赋能，进而提升其个体终身学习的能力和面向未来的学习能力，保证其不被社会和时代所淘汰。因而，成人教育教材无论在遥不可及的先秦，还是在触手可及的今天，都是助力个体全面成长、实现自身和家庭的社会流动的重要工具。教学环境是由教师、教材、学生有机生成的，教材在教学环节中起到载体和媒介的作用，因而教材质量的高低直接影响教学质量的优势，更进一步事关人才培养目标的顺利实现。因而，要实现社会阶层的有序流动，需要对成人教育教材的质量严格把关，优质的教材资源是实现个体和社会发展的重要保障。

（二）文教政策的现实场域：实现成人教育教材的内容多样

部分学者从"君子不器"的言说中推断以孔子为代表的儒家学派对职业教育的不屑一顾。"儒家教育自始便强调人性教化，追求精神境界的超越，而不在于技术的养成。所以，孔子会斥责樊迟请学稼，更要告诫子夏'为君子儒，无为小人儒'，不以掌握一技之长为重。"① 但多数学者提出相反观点，认为："孔子主张教育是平等的，不管什么民族、等级均'有教无类'，他的教学内容有军事、政治、文学等，相互之间并没有什么高低贵贱之分，这也证明孔子不否认职业教育对社会的积极作用和重要贡献。孔子的儒业职业教育培养的是'君子儒''君子'和'士'，其理想的职业愿景是'内圣、外王'和'使于四方，不辱君命'。从其教育的内容'六艺'看已具有鲜明的职业训练性质，礼、乐、射、御属'大学'是中高层专门政治人才的教育培养内容，书、数属'小学'是一般文吏的教育培养内容。"② 到了秦代，法家思想成为统治思想后，法制教育逐渐成为成人教育的主流内容。另外，农耕、医药、卜筮等教材的保留一定程度上促进了职业教育的内容多样。"医药、卜筮和种树的书，全部保留下来是没有问题的。像医药和种树，属于自然科学，与政治无关。至于'卜筮'书，秦有'占梦博士'，也算博士官'所职'。"③ 因而，成人教育或职业教育过程中还需要助人成才的思想政治教育。有学者指出教材在课程思政方面的重要意义：课程教材究竟是什么？首先，它是高校落实立德树人根本任务的重要载体；其次，它是高校课程团队实现课程思政、教材思政与习近平新时代

---

① 米靖. 先秦儒家经学教育及其文化地位的重构 [J]. 教育史研究，2020, 2 (01): 70.
② 李小龙. 先秦职业教育的当代意蕴与启示 [J]. 新西部，2018 (26): 122.
③ 高时良. 中国古代教育史纲 [M]. 北京：人民教育出版社，2001: 130.

中国特色社会主义思想进教材、进课堂、进头脑一体化设计的重要载体；再次，它是新时代中国特色高校课程与教材内容一体化设计、融合创新的重要载体。因而要认真学习贯彻习近平总书记关于教育的重要论述和全国教育大会精神，深入落实《高等学校课程思政建设指导纲要》要求，持续加强教材的课程思政建设。

（三）成人教育的核心理解：成年人的教育以及成为人的教育

"成人"作为专有名词第一次被提及还是在《论语》中的《宪问篇》："子路问成人。子曰：'若臧武仲之知，公绰之不欲，卞庄子之勇，冉求之艺，文之以礼乐，亦可以为成人矣。'曰：'今之成人者何必然？见利思义，见危授命，久要不忘平生之言，亦可以为成人矣。'"① 虞宁宁等人认为："当我们站在历史的高度重新审视先秦的成人礼教育时，虽然有不尽如人意之处，如以严苛的礼制束缚着青年人的思想和行为，但许多方面都对当时的青少年教育具有积极的影响，成为'一个预定的教育过程'，即使在二千多年后的今天，依然可为我们的青少年教育提供一些借鉴。"② 一直以来，成人教育长期被理解为高等教育的重要补充，而缺少其学科的独立性。其教育的"成人性"，即促使人之所以为人的教育功能还没有完全发挥，导致教育的目的性较强，而育人性偏弱。要解决这样的育人难题，必须围绕立德树人根本任务，"让学生实现个性'成人'。个性'成人'教育追求要跨出理念的视阈迈向实践的范畴，需要学校依循人的个性特征，承认并尊重人的差异性和特殊性，坚持立德树人，办适合学生生命成长的教育"③。我们理解的成人教育应该是既有成年人的教育，更是培养全面发展的人的教育。

---

① 孔子. 论语 ［M］. 北京：中华书局，2006：128.

② 虞宁宁，张霞. 先秦成人礼的历史教育意义及现代价值 ［J］. 辽宁教育行政学院学报，2007（03）：21.

③ 王俊琳，李太平. 个性"成人"教育的生成逻辑与创新理路 ［J］. 广西社会科学，2020（12）：185.

第二章 汉 代

公元前 206 年，刘邦建立西汉政权。汉代统治者注重吸取秦代灭亡教训，在政治和经济制度上，基本沿袭秦代体制；在文化教育上，采用儒家主张，逐步实现"罢黜百家，独尊儒术"的儒教政策。在此政策指导下，儒学成为统一指导思想，儒经受到极大推崇。当今学界对于汉代文教政策、古文经学与今文经学之争等都有较为翔实的考证与探索。然而，对于汉代教材发展历史的研究尚不系统与完善。

一、汉代成人教育教材发展历程

汉代对于成人和成人教育的定义可参照谯周之语和崔寔的《四民月令》："国不可久无储贰，故天子、诸侯十五而冠、十五而娶，娶必先冠，以夫妇之道，王教之本，不可以童子之道治之……礼十五为成童，以次成人，欲人君之早有继体，故因以为节。"① 崔寔在《四民月令》中指出："正月，农事未起，命成童已上入大学，学五经。师法求备，勿读书传。"② 孟宪承指出"成童"即"谓年十五以上至二十"③。自先秦至汉，古人将冠礼作为个体成年的标志。年满 15 岁的人行冠礼，就是个人履行社会责任与义务的发端。由此可见，汉代成人教育是对 15 岁以上的人所施行的系统持续的教育。这类教育旨在增长成人知识或提升技能。

（一）汉代官方成人教育教材发展历程

西汉初年，地方反动势力强劲，经济尚未恢复。为稳固统治，加强中央集权，统治者根据当时政治局势采取"无为"而治，黄老的清静无为思想促成了汉初的实力蓄积，发展至汉武帝时期，国力强盛，割据势力消弭。政治局势好转促使汉代统治者改变现有统治思想，以适应大一统的历史趋势。此时建立在先秦原始儒学基础上，融合诸子百家思想发展而来的新儒学适应了封建帝国的

---

① 李学勤. 春秋穀梁注疏［M］. 北京：北京大学出版社，1999：175.
② 孟宪承. 中国古代教育史资料［M］. 北京：人民教育出版社，2010：118.
③ 孟宪承. 中国古代教育史资料［M］. 北京：人民教育出版社，2010：118.

集权需要，成为国家的主流意识形态。儒家经典教材就顺势成为汉代成人教育教材的主力军。

1. 经学博士及博士弟子设置直接决定成教教材的门类和版本

"文帝时，闻申公为《诗》最精，以为博士"①，"韩生者，燕人也。孝文帝时为博士，景帝时为常山王太傅。韩生推诗之意而为内外传数万言，其语颇与齐鲁间殊，然其归一也。淮南贲生受之。自是之后，而燕赵间言诗者由韩生"②，"胡母生……治公羊春秋，为景帝时博士。与董仲舒同业"③。汉初，统治者采取"无为"思想使得儒经博士并没有起到教化于民的作用，导致成人教育教材品种单一且不受重视。至武帝即位，国力空前强盛，历来强调"文事武备"的儒家学说和当政者的政治愿望高度契合，因而儒家经典被选为主流的成人教育教材成为历史必然。建元五年（前 136 年），武帝始设五经博士，"开弟子员"④，自是之后，"言诗，于鲁则申培公，于齐则辕固生，燕则韩太傅；言礼，自鲁高堂生，言春秋，于齐则胡毋生，于赵则董仲舒"⑤。"至孝宣世，复立大小夏侯尚书，大小戴礼，施、孟、梁丘易，谷梁春秋。"⑥ 宣帝时，西汉成人教育教材基本形成，即《诗》《书》《礼》《易》《春秋》五部经学教材，并由 12 位专经博士分授五经的不同版本。"至元帝世，复立京氏易。平帝时，又立左氏春秋、毛诗、逸礼、古文尚书"⑦，"光武中兴……于是立五经博士，各以家法教授，易有施孟、梁丘、京氏。尚书欧阳，大小夏侯，诗齐、鲁、韩、毛，礼大小戴，春秋严、颜、凡十四博士"⑧。

2. 两次经学会议进一步确立成人教育教材的正统性和权威性

汉代成人教育教材的选用历经反复，统治阶层内部对于教材的选择也存在较大争议，两汉皇帝经常召集各方儒师进行讨论和讲辩，欲借此提倡儒学并统一各派对经学的解释，进而达到在政治上统一思想的目的。甘露三年（前 51 年），西汉宣帝召开石渠阁会议，"诏诸儒讲《五经》同异，萧望之等平奏其议，上亲称制临决焉"⑨。公羊学派严彭祖、申輓、伊推、宋显、许

---

① 熊承涤. 中国古代教育史料系年 [M]. 北京：人民教育出版社，1985：39.
② 司马迁. 史记·儒林列传 [M]. 北京：中华书局，1999：2375.
③ 班固. 汉书·儒林传 [M]. 北京：中华书局，1999：2681.
④ 班固. 汉书·儒林传 [M]. 北京：中华书局，1999：2684.
⑤ 班固. 汉书·儒林传 [M]. 北京：中华书局，1999：2666.
⑥ 班固. 汉书·儒林传 [M]. 北京：中华书局，1999：2684.
⑦ 班固. 汉书·儒林传 [M]. 北京：中华书局，1999：2684.
⑧ 范晔. 后汉书·儒林列传 [M]. 北京：中华书局，1965：1717.
⑨ 司马光. 资治通鉴·汉纪 [M]. 北京：中华书局，1956：889.

广，榖梁派尹更始、刘向、周庆、丁姓、王亥，"各五人，议三十余事，望之等十一各以经谊对，多以榖梁。由是榖梁之学大盛"①。第二次是建初四年（79 年），东汉章帝举行白虎观会议。儒学发展至东汉，呈现出繁琐化、宗派化、谶纬、迷信化的特点，导致各派经师在释典过程中产生分歧。作为汉朝统治思想的根源，儒经训释不统一，必定导致治国思想紊乱。因此，汉章帝大会诸儒于白虎观详考经书异同，"（李）育以《公羊》以难贾逵，往返皆有理证，最为通儒"②，"诏逵入讲北宫白虎观、南宫云台。帝善逵说，使出左氏传大义长于二传者，逵于是具条奏之曰"③。经过充分讨论与讲辩，最终使代表封建道德的三纲六纪法典化。

3. 熹平石经最终奠定经学教材在汉代成人教育中的主流地位

一方面，今古经学之争造成汉代成人教育教材的编定存在分歧。另一方面，"亦有私行金货，定兰台漆书经字，以合其私文"④，考生为使兰台漆书符合自己的经学版本，便私通相关官员，篡改经书，造成官方经书讹误。"（蔡）邕以经籍去圣久远，文字多谬，俗儒穿凿，疑误后学，熹平四年，乃与五官中郎将堂谿典、光禄大夫杨赐、谏议大夫马日磾、议郎张驯、韩说、太史令单飏等，奏求正定六经文字，灵帝许之。"⑤"春，三月，诏诸儒正五经文字，命议郎蔡邕为古文、篆、隶三体书之，刻石，立于太学门外。"⑥ 熹平石经颁定标志着两汉官方成人教育教材正式确定，即《易》《尚书》《春秋》《仪礼》《公羊》《鲁诗》。

（二）汉代私学成人教育教材发展历程

汉代私学盛于官学，名儒讲学授徒的风气甚为兴盛。原因有二：第一，汉初官方教育资源严重匮乏，官学招生数量有限且时兴时废，特别是官学偏重中央太学建设，无法满足地方士人求学需求。第二，古文经学在与今文经学的政治斗争中始终没能树立起官学的权威地位，导致古文经师及使用的教材不受官方重视，古文经师为提高本学派学术地位，扩大自身学术影响，不得不在民间传授自身学术思想，"有一批学术造诣很深但仕途不得志，或罢官在家的儒家

① 班固. 汉书·儒林传 [M]. 北京：中华书局，1999：2683.

② 范晔. 后汉书·儒林列传 [M]. 北京：中华书局，1999：2642.

③ 范晔. 后汉书·郑范陈贾张列传 [M]. 北京：中华书局，1999：2642.

④ 范晔. 后汉书·儒林列传 [M]. 北京：中华书局，1965：1718.

⑤ 范晔. 后汉书·蔡邕列传 [M]. 北京：中华书局，1965：1344.

⑥ 范晔. 后汉书·儒林列传 [M]. 北京：中华书局，1965：1720.

学者，在地方上聚徒讲学，对私学的发展起了很大的促进作用"①。与今文经学恪守师法和家法不同，古经学风较为自由，不拘泥于繁琐的章句经注，因而私学中所传授的不仅仅是古文经，也兼有今文经学的相关学说，与此相适应的私学教材也不囿于古文经书的局限。

1. 私学古文经学教材使用古文《尚书》为主

西汉年间，伏生"即教于齐鲁之间。学者由是颇能言尚书，诸山东大师无不涉尚书以教矣"②。据皮锡瑞考证："传于今者，惟伏生《尚书大传》，多存古礼，与《王制》相出入，解《书》义为最古。"③ 由此可见，伏生在汉代私学教育中较早使用古文《尚书》，"伏生教济南张生及欧阳生，欧阳生教千乘兒宽。兒宽既通尚书……受业孔安国"④，东汉周磐"学古文尚书、洪范五行、左氏传……教授门徒常千人"⑤，杨伦"习古文尚书……讲授予大泽中，弟子至千余人"⑥，"扶风杜林传古文《尚书》，林同郡贾逵为之作训，马融作传，郑玄注解，由是古文尚书遂显于世"⑦。

2. 今文经学教材在私学中的传播更盛

诗学教材，申公"归鲁，退居家教，终身不出门……弟子自远方至受业者百余人，申公独以诗经为训以教"⑧。春秋学教材，董仲舒的三大文教政策直接决定了汉代官方成人教育教材的性质和种类，在私学教材方面，辞官归乡的董仲舒大力推广《公羊春秋》，"下帷讲诵……以修学著书为事。故汉兴至于五世之间，唯董仲舒名为明于春秋，其传公羊氏也"⑨。楼望"少习严氏春秋……教授不倦，世称儒宗，诸生著录九千余人。"⑩ 易学教材方面，《易》分为施、孟、梁丘、京氏四家，刘昆"受施氏易于沛人戴宾，王莽也，教授弟子恒五百余人"⑪。洼丹"南阳人，世传孟氏易。王莽时，常避世教授，考志不

---

① 孙培青. 中国教育史 [M]. 上海：华东师范大学出版社，2008：112.
② 司马迁. 史记·儒林列传 [M]. 北京：中华书局，1999：2375.
③ 皮锡瑞. 经学历史 [M]. 北京：中华书局，2004：56.
④ 司马迁. 史记·儒林列传 [M]. 北京：中华书局，1999：2375.
⑤ 范晔. 后汉书·刘赵淳于江刘周赵列传 [M]. 北京：中华书局，1965：881.
⑥ 范晔. 后汉书·儒林列传 [M]. 北京：中华书局，1965：1730.
⑦ 范晔. 后汉书·儒林列传 [M]. 北京：中华书局，1965：1731.
⑧ 司马迁. 史记·儒林列传 [M]. 北京：中华书局，1999：2373.
⑨ 司马迁. 史记·儒林列传 [M]. 北京：中华书局，1999：2377.
⑩ 范晔. 后汉书·儒林列传 [M]. 北京：中华书局，1965：1741.
⑪ 范晔. 后汉书·儒林列传 [M]. 北京：中华书局，1965：1720.

仕，徒众数百人。"① 张兴"习梁丘易以教授……弟子自远至者，著录且万人，为梁丘家宗"②，唐檀"习京氏易韩诗、颜氏春秋，尤好灾异星占，后还乡里，教授常百余人"③。礼学教材方面，《礼》分为大戴、小戴、庆氏，由于庆氏礼没有受到统治者足够重视，未被立为官学，因而只在私学中有较多流传，董钧，"习庆氏礼，常教授门生百余人"④，曹褒"父充，持庆氏礼……结发传充业……教授诸千余人，庆氏学遂行于世"⑤。

二、汉代成人教育教材发展特点

（一）理念终身性

"终身教育"一词，1965 年由保罗·朗格朗正式提出，但早在我国汉代就已经凸显终身教育的端倪。统治阶级紧握教育话语权，受教育权也只有少部分人拥有，从最高统治者来看，韦贤"兼通礼、尚书，以诗教授……进授昭帝诗"⑥，王氏"臣以诗三百五篇朝夕授王，至于忠臣孝子之篇，未尝不为王反复诵之也"⑦。也就是说，汉代君主通过对儒家经典的反复学习与研究，试图从古人先师中吸取兴邦安民思想，从中断章取义，借古人之口假传天意，以证明自身统治的合法性和合理性。上述两点必然促成汉代君主终身学习从动机向实践的转变。另外，从地主阶级层面看，不断学习与钻研儒家经典原因有：第一，欲通过学习儒经登上权利高位，提升政治、经济以及学术地位。东汉本初元年（146 年），"令郡国举明经，年五十以上、七十以下诣太学"⑧，"试太学生年六十以上百余人，除郎中、太子舍人至王家郎、郡国文学吏。"⑨。第二，维护本学派在学界的学术地位。董仲舒兼通五经，犹善《公羊春秋》，"及去位归居，终不问家产业，以修学著书为事"⑩。第三，秉承孔子"朝闻道，夕可死"的终身学习精神而不断探求儒经真理的士人，"下夏侯胜于狱，黄霸俱下。

① 范晔. 后汉书·儒林列传 [M]. 北京：中华书局，1965：1721.
② 范晔. 后汉书·儒林列传 [M]. 北京：中华书局，1965：1722.
③ 范晔. 后汉书·方术列传 [M]. 北京：中华书局，1965：1843.
④ 范晔. 后汉书·儒林列传 [M]. 北京：中华书局，1965：1738.
⑤ 范晔. 后汉书·张曹郑列传 [M]. 北京：中华书局，1965：806.
⑥ 班固. 汉书·韦贤传 [M]. 北京：中华书局，1999：2325.
⑦ 班固. 汉书·儒林传 [M]. 北京：中华书局，1999：2677.
⑧ 范晔. 后汉书·孝顺孝冲孝质帝纪 [M]. 北京：中华书局，1965：187.
⑨ 范晔. 后汉书·孝灵帝纪 [M]. 北京：中华书局，1965：224.
⑩ 班固. 汉书·董仲舒传 [M]. 北京：中华书局，1999：1919.

霸欲从胜受经，胜辞以罪死，霸曰：'朝闻道，夕可死矣。'胜贤其言，遂授之"①。

（二）内容职业性

汉代统治者犹崇今文经学微言大义之风，欲阐释发扬古经词句义理，寻找统治合理性的理论支柱。用经学理论来指导封建统治的具体实践，就使汉代成人教育教材担负起职业教育功能，汉帝诏书和大臣奏折中多借经学辞说和相关典故作为理论根据，地节元年（前69年）夏六月，"诏曰：'盖闻尧亲九族，以和万国'"② 就是引用《尚书·尧典》的典故。后人在奏章中多次引用《易》《尚书》中的语句。

（三）传播规模的广泛性和传播途径的民间性

纵观两汉成人教育发展历程，私学教育与官学教育相比无论是师资力量、办学规模等都更胜一筹，发展至东汉末，国家颁定官方法定教材《熹平石经》，但还是私立教育机构承担成人教育主要职责。据《后汉书》记载，东汉杨伦、杜抚"门徒常千余人"，曹曾"门徒三千人"，丁恭"著录数千人"，楼望"九千余人"，"张兴且万人"，蔡玄"万六千人"。成人教育教材受众的规模已远超孔子三千门人，在造纸术刚起步的时候就已经出现一师授万生、万人习一经的壮阔景象，不得不说是汉代成人教育的成功之处，究其原因有两个方面：首先，汉代严格遵循家法师法学风，师承一派，必须笃守师说，不易一字。这是由于当时教学方式主要是口耳相传，不守师法家法，任意发挥就无法承继先师圣祖的圣明思想，因而儒师的思想能够完整地承袭下去。其次，弟子众多，儒师难以满足所有求学士人的需要，便产生了高足弟子转相传授初学弟子。马融收郑玄为徒，"三年不得见，乃使高业弟子传授于玄"③。

三、汉代成人教育教材发展历程和特点对当今的启示

汉代成人教育教材是古代封建社会成人教育教材的重要组成部分，为中国教材事业积累了丰富经验。其主要历史贡献在于总结和发扬了儒家经典学说，将秦代"焚书坑儒"的负面影响降到了最低，有力地促进了儒家经典教材的成功转型，创建了全新的汉代儒学思想体系和逻辑思维模式。诚然，汉代儒家经典教材的建设过程中，确有许多成功的经验，但也不乏失败的教训，需要今人

① 班固. 汉书·眭两夏侯京翼李传［M］. 北京：中华书局，1999：2362.
② 班固. 汉书·宣帝纪［M］. 北京：中华书局，1999：173.
③ 范晔. 后汉书·郑玄传［M］. 北京：中华书局，1965：810-811.

绕开前代对于成人教育教材的认识误区。

（一）终身教育的理念力求打破传统教育的时空限制

实现终身教育客观载体之一的成人教育教材，促进个体学习的作用尤其突出。尽管在汉代成人教育教材的内容和特点已经折射出终身教育思想的端倪，但是在教材的内容本身、逻辑起点、内在思维体系等方面都存在着历史局限性，因而现阶段成人教育教材应着力打破学科教学壁垒，培养复合型人才；突破学历教育的桎梏，激发个体自主学习的兴趣。重新架构全新的教材思维体系，不仅仅以传授单一理论或培养某一方面技能为指向，更要全面系统持续地培养成人适应时代的能力，使人学会生存。

（二）凸显个体的职业生涯科学规划

汉代成人教育教材中所包含的修身、治国、齐家、平天下等内容，确实对当时汉吏的行政实践有巨大的理论指导作用，这无疑是汉代统治者为提高集团内部执政能力而进行的职业技术教育。而儒家经典中大部分思想被汉儒继承和发扬，成为长达两千多年的封建王朝首选的职业教育教材。延续了两千多年的成人教育教材在当今时代显然已经不能满足现代人的需要。现阶段的许多成人教育教材内容陈旧滞后，难以适应各行业快速发展的职业诉求；侧重理论灌输，忽视能力培养；缺乏对成人学生职业生涯规划的指导等。在今后的教材编写与开发过程中，要更注重个体创新性的培养，提高成人学习者的创造力；融合更丰富的实训内容，培养成人学习者的执行力；更凸显个体的职业生涯蓝图，明晰成人学习者的职业生涯规划并全面提升个体驾驭未来挑战的控制力。

（三）破解教材使用规模和个体学习质量的两难悖论

汉代成人教育教材的传播规模已经达到一名经师传授万余学生的程度，而且在中央高度集权的情况下，汉代的私学规模仍然相当庞大，培养出来的生徒质量高，不得不说这是我国古代教育史上的一个奇迹。随着科学技术的日新月异，一师授万生的情景已不再是技术难题。现阶段成人教育教材面临两大难题：一是如何在实施远程教育和自学考试系统支持下，保证成年学生的学习质量。二是如何保证民办成人教育机构的成人教育教材质量。学者认为有以下两个途径：一是改革现行纸质教材，优化教学资源。在网络教育的条件下，文字教材仍然是适应成人学生学习心理需求的、使用最多、最受欢迎的学习材料。要对文字教材进行信息化改造，改革其落后的表现形式，使其适应远程学习者的思维方式和学习方式，科学性与实用性并重。成人教育教材还应该有拓展内容，基础不同、背景不同、需求不同的学生有更大的自主权和选择权，使成年学习者有能力使用、有条件使用、适合自己使用，从而提高学习兴趣和学习效果。二是加强政府对各级各类成人教育教材出版机构的监管，鼓励优秀的民办成人教育机构加入教材编写与开发的队伍中。充分利用社会资源，加强与相关企业合作，形成产、学、研一体化的教材开发进程。如果落实以上两点，就可能切实为我国成人教育教材的健康发展开辟新的视野，从根源上解决我国现有成人教育教材的发展与成人学生不断增长的学习需要之间的矛盾。

第三章　魏晋时期

一、魏晋成人教育教材发展历程

官学方面，魏国疆域面积最大、实力最雄厚、历史文化积淀最深厚，其官学体系恢复最快、势头最旺。曹丕自灭汉称帝以来，"初立太学，置博士，依汉制设五经课试之法"①。初期，"正始年间，郑玄注古文经传《尚书》、《周官》、《礼记》、《毛诗》及《左氏春秋》成为官学教学内容"②，"诏故司徒王朗所做易传"③，王肃"尚书、诗、论语、三礼、左氏解，及撰定父朗所做易传，皆列于学宫"④。蜀国，许慈"善郑氏学，治易、尚书、三礼、毛诗、论语"⑤，孟光"好公羊春秋"⑥，来敏"善左氏春秋，尤精于仓、雅训诂，好是正文字"⑦，尹默"皆通诸经史，又专于左氏春秋……以左氏传受后主"⑧，李譔"著古文易、尚书、毛诗、三礼、左氏传、太玄指归，皆依准贾、马，异于郑玄"⑨。吴国，程秉"著周易摘、尚书驳、论语弼，凡三万余言"⑩，阚泽"以经传文多，难得尽用，乃斟酌诸家，刊约礼文及诸注说以授二宫"⑪，唐固"著国语、公羊、穀梁传注，讲授常数十人"⑫。西晋官学延续曹魏教材内容，仍采用"王肃注《尚书》、《诗》、《论语》、《三礼》、《左氏解》等儒家经典"⑬。

---

① 司马光. 资治通鉴 [M]. 北京：中华书局，1956：2218.
② 金忠明. 中国教育史研究（秦汉魏晋南北朝分卷）[M]. 上海：华东师范大学出版社，2009：351.
③ 陈寿. 三国志 [M]. 北京：中华书局，1999：92.
④ 陈寿. 三国志 [M]. 北京：中华书局，1999：315－316.
⑤ 陈寿. 三国志 [M]. 北京：中华书局，1999：757.
⑥ 陈寿. 三国志 [M]. 北京：中华书局，1999：758.
⑦ 陈寿. 三国志 [M]. 北京：中华书局，1999：759.
⑧ 陈寿. 三国志 [M]. 北京：中华书局，1999：759－760.
⑨ 陈寿. 三国志 [M]. 北京：中华书局，1999：760.
⑩ 陈寿. 三国志 [M]. 北京：中华书局，1999：923.
⑪ 陈寿. 三国志 [M]. 北京：中华书局，1999：923.
⑫ 陈寿. 三国志 [M]. 北京：中华书局，1999：924.
⑬ 金忠明. 中国教育史研究（秦汉魏晋南北朝分卷）[M]. 上海：华东师范大学出版社，2009：359.

东晋，"元帝践阼时……置周易王氏、尚书郑氏、古文尚书孔氏、毛诗郑氏、周官礼记郑氏、春秋左氏杜氏服氏、论语、孝经郑氏博士各一人，凡九人。其仪礼、公羊、穀梁及郑易皆省不置"①。根据荀崧的建议，"郑易置博士一人，郑仪礼博士一人，春秋公羊博士一人"②。由于玄学兴起，两晋儒学教育逐渐走向没落，名存实亡。

私学方面，魏晋成人教育教材包括《易》《诗》《礼》等经典。魏国，管宁"遂讲诗书，陈俎豆，饰威仪，名礼让，非学者无见"③。蜀国，"文立……少游蜀太学，专毛诗、三礼，兼通群书"④，"司马胜之……学通毛诗，治三礼"⑤，"（王）化治毛诗、三礼、春秋公羊传"⑥，"陈寿……治尚书、三传，锐精史、汉"⑦。两晋，郭瑀"作春秋墨说、孝经错纬，弟子著录千余人"⑧，刘兆"精于春秋、周礼"⑨，郭琦注《穀梁传》，京氏易⑩。

二、魏晋成人教育教材发展特点

（一）教材内容更体现人的全面发展观点

东汉以降，军阀混战，民不聊生，儒家治国思想逐渐受到一些人质疑和批评，传统的孔孟治国之道已难以适应军事割据的时代需要，传统儒家经学教材的影响也因此逐渐式微。与此同时，倡导融合孔孟人伦理想与老庄自由哲学的玄学思潮席卷全国。首先，玄学家所掌握的经典种类反映了成人学习内容的多样性，体现了学习素质的全面性，只有掌握多样化知识才能促进个体更深刻地认识世界。"当时玄学家们所推崇的经典有《周易》、《老子》、《庄子》和《论语》，何晏著有《道德二论》和《论语集解》，王弼的主要著作有《周易略例》、《周易注》、《老子指略》、《老子注》和《论语释疑》，郭象的主要著作有《庄子注》和《论语体略》等，其中《周易》和《论语》为儒家经典，而《老

---

① 房玄龄. 晋书 [M]. 北京：中华书局，1974：1976-1977.
② 房玄龄. 晋书 [M]. 北京：中华书局，1974：1978.
③ 陈寿. 三国志 [M]. 北京：中华书局，1999：267.
④ 常璩. 华阳国志 [M]. 济南：齐鲁书社，2000：179.
⑤ 常璩. 华阳国志 [M]. 济南：齐鲁书社，2000：181.
⑥ 常璩. 华阳国志 [M]. 济南：齐鲁书社，2000：183.
⑦ 常璩. 华阳国志 [M]. 济南：齐鲁书社，2000：184.
⑧ 房玄龄. 晋书 [M]. 北京：中华书局，1974：2454.
⑨ 房玄龄. 晋书 [M]. 北京：中华书局，1974：2350.
⑩ 房玄龄. 晋书 [M]. 北京：中华书局，1974：2436.

子》、《庄子》则为道家著作之大宗。"① 其次，教材内容的学习过程反映了成人学习方式的创造性。魏晋学者摒弃汉儒秉烛夜读、闭门造车的习经方式，更注重玄理清谈、学术探讨。主客双方针对某一哲理话题进行辩论和相互学习的活动，即谓清谈。在这一过程中，学者通过相互质疑辩诘进而达到相互学习的最终结果。在此过程中，各抒己见，相互学习，不拘泥于传统经典的桎梏，成人学习者的个性得到尊重与发扬，促进学习者个体身心的全面发展。

（二）魏晋成人教育教材更注重实用性

魏晋处于时代剧变的风口浪尖，各国统治者在教育执行层面更强调务实尚用的原则，既力避两汉以降的谶纬迷信化，也奠定南北朝玄学清谈的坚实基础。封建统治者倾向于选择利于维持社会稳定的成人教育教材，选择诸如《礼》《易》《孝经》等蕴含宗法礼制思想的经典。"正始年间，郑玄注古文经传……《周官》、《礼记》、《毛诗》……成为官学教学内容"②，"诏故司徒王朗所做易传"③，王肃"诗、论语、三礼及撰定父朗所做易传，皆列于学宫"④，"文立在太学游学时学习的内容是《毛诗》、三《礼》"⑤，许慈"善郑氏学，治易、尚书、三礼、毛诗、论语"⑥，李譔"著古文易、尚书、毛诗、三礼"⑦。《礼》的重视彰显出统治者对忠义的摒弃、对孝义的褒扬。曹操、司马氏等背叛正统、攫取最高治权本身就不能用忠义二字粉饰，因而以孝治国成为当时的首选国策。这一举措确实起到了维持宗族，进而使得整个国家和民族高度凝聚的作用，因而其教材最大的实用性就在于维持封建统治的稳定。另外，继承和发扬孝悌之义，其本身也充满了对人品的持续关注和对中华民族传统美德的高度重视，从这个层面讲也具有强大的实用性和现实意义。

（三）统治阶层高度重视教材建设与内容传播

在君权神授的封建时代，皇帝亲临太学体现了封建国家对当时成人教育的重视。而最高统治者将儒经熟稔于心也体现出儒家经典在成人教育教材中的权威地位。魏国，"帝幸长太学，与诸儒论书、易及礼，诸儒莫能及。帝尝于护

① 卞敏. 魏晋玄学 [M]. 南京：南京大学出版社，2009：80－81.
② 金忠明. 中国教育史研究（秦汉魏晋南北朝分卷）[M]. 上海：华东师范大学出版社，2009：351
③ 陈寿. 三国志 [M]. 北京：中华书局，1999：92.
④ 陈寿. 三国志 [M]. 北京：中华书局，1999：315－316.
⑤ 金忠明. 中国教育史研究（秦汉魏晋南北朝分卷）[M]. 上海：华东师范大学出版社，2009：355.
⑥ 陈寿. 三国志 [M]. 北京：中华书局，1999：757.
⑦ 陈寿. 三国志 [M]. 北京：中华书局，1999：760.

军司马望、侍中王沈、敬骑常侍裴秀、黄门侍郎钟会等讲宴于东堂，并属文论，特加礼异"①。前秦，"秦王坚亲临太学，考第诸生经义，与博士讲论，自是每月一至焉"②。东晋，"帝讲孝经，始览典籍"③。另外，魏国积极修补因战乱而损坏的东汉熹平石经，"至黄初元年之后，新主乃复，始扫除太学之灰炭，补旧石碑之缺坏"④。

三、魏晋成人教育教材发展历程和特点对当今的启示

（一）教材设计的价值取向要以人为本

魏晋时期连年战乱，人民生活疾苦，汉代儒家大一统思想已难以适应割裂的政治局势需要，自然式微，传统儒家经典教材针对成人教育的普适性进一步降低。魏晋儒家自我意识的觉醒起到了举足轻重的作用，通过具有高度自我认知和企慕自然观念的儒士的改造和发扬，魏晋儒家经典教材由崇尚皇权、关注"天下"、强调社会价值取向向崇尚自然、关注个性成长、强调个体价值转变。而现阶段我国成人教育课程与教材开发与改革存在一些问题：一方面，成人教育课程与教材设计内容侧重社会价值取向和学科体系与逻辑，忽略学习者个人兴趣爱好与能力基础。另一方面，部分成人教育课程与教材设计目的功利成分较强。教材设计者误将教材质量好坏建立在成人学生过关率基础上，认为学习者通过相应课程考试就证明教材普适性与科学性较强，这样的价值取向必然歪曲成人教育的本质要求：培养全面发展的社会人。总之，成人教育课程与教材的课程价值取向必须以人为本、科学规划、可持续发展，充分体现成人学习者的学习特色、生活经验、工作经历等特点，充分体现课程教材设计者对学习者的人性关怀和个体价值的关注，力求避免教条式说理和填鸭式灌输，"注意不要用教育的经济效益和政治、社会文化等效益的指标来代替个体身心发展的指标"⑤。

（二）教材内容的选择力求务实尚用

魏晋成人教育教材是为统治者维持宗法关系、保证社会稳定，辅之传播中华民族传统美德的孝义理念。这是关键时期封建统治者为适应时局做出的权宜

---

① 司马光. 资治通鉴 [M]. 北京：中华书局，1956：2431.

② 司马光. 资治通鉴 [M]. 北京：中华书局，1956：3191.

③ 司马光. 资治通鉴 [M]. 北京：中华书局，1956：3270.

④ 陈寿. 三国志 [M]. 北京：中华书局，1999：316.

⑤ 叶澜. 教育概论 [M]. 北京：人民教育出版社，1999：332.

之策。当今全球竞争日渐激烈，社会竞争激烈，传统成人教育教材的内容在时代飞速发展的背景下有普教化、陈旧化、表浅化等弊端。首先，教材设置照搬普通高等教育教材内容和框架，教材的内容缺乏创新性、竞争性和针对性。其次，内容编制单纯强调学科体系的分化，缺少对综合课程的重视，学科教材之间缺乏普遍联系，内容过时守旧，不利于成人学习者通过教材研读提升自身社会竞争力。最后，内容的选择上偏重学科理论的探析，缺乏对成人学习者生产需要、生活需要、生命需要的关注，造成教材内容与个体实际需要脱节。在具体教材设计实践中，广大教材设计者更应借鉴普通教育和职业教育教材编写的先进经验，创造性地开辟成人教育教材设计思路。把握社会脉搏，跟紧时代节奏，推陈出新，既贴合成人学习者需要又与时俱进、开拓创新，针对个体学习能力和学习动机，同时又符合现代社会经济需要。

（三）教材建设的重视程度亟待提高

封建社会宣扬"君权神授"，皇帝是封建国家的最高领袖。作为神权化身的君王对教育的重视为教育事业的蓬勃发展提供了精神支柱。尽管魏晋乱世，民不聊生，但历代君主对于当时成人教育事业的关注促进了两汉至唐宋儒学学风的转变，强化了魏晋儒士对儒家经典的改造，使魏晋成人教育教材建设进一步得到完善，其内容设计也更加务实并处处表现出对人性的终极关怀，对魏晋成人教育教材建设具有里程碑意义。我国正处于努力构建和谐的学习型社会的关键时段，要实现跻身人力资源强国的宏伟目标，就必须大力发展成人教育，全面推进我国成人教育教材建设，并在法律法规上加以不断完善和改进。由于当今社会对于普通高等教育的关注高于成人教育，因而成人教育教材建设步伐缓慢、机械复制普通高等教育教材设计逻辑的现象还广泛存在。宏观来看，应敦促立法机构、政府职能部门、教育行政机构以及成人教育学术界广泛联合，制定出一套行之有效的法律法规政策，切实保护成人教育教材建设进程不受干扰。微观来看，作为一线的成人教育工作者要积极关注个体学习者学习需要和知识接受方式，了解学习者学习心理，促进教材开发者与一线教师形成密切联系，打造成人教育精品特色课程和教材。

第四章 隋 代

一、隋代成人教育教材发展历程

隋代是个承前启后的朝代,文炀二帝在位近四十年,国家的政治、经济、军事、教育、文化等各方面均有所巩固和发展。在教育方面,隋炀帝大业元年(605年)始设进士科,一改魏晋以来"上品无寒门、下品无士族"的选官弊端,使得大批寒门士子能通过勤勉努力进而改变自身命运。从选拔人才的公平性来说,无疑具有划时代的进步意义。同时也对后世的考试选官制度产生重大影响,现时的自学考试制度也充分吸取了隋人始创时科举考试之精华,"科举考试这种以国家考试制度、以官学为代表的学校教育和以自学、书院教学为辅助的社会教育的结合形式,也为自学考试这种集国家考试、社会助学和个人自学于一体的教育考试制度提供了示范"[1]。至隋,孔安国、王弼、杜预之注疏风靡一时,郑玄、服虔之注疏式微。随着国家版图的短暂统一,经学随之一统,南北朝形成的南北经学分立时代瓦解,北学从此衰亡。元善"性好学,遂通涉五经,尤好左氏传,每执经以授太子"[2],房晖远"治三礼、春秋三传、诗、书、周易,兼善图纬,恒以教授为务"[3],"大业初,礼部侍郎徐善心荐徐旷、包恺、诸徽、陆德明、鲁达为学官,世称左氏有文远,礼有诸徽,诗有鲁达,易有陆德明"[4]。杨汪"专精左氏传,通三礼。帝令百僚就学,与汪讲论,天下通儒硕学多萃焉,论难锋起,皆不能屈"[5],包恺"恺兄揄,明五经,恺悉传其业……聚众授徒,著录者数千人"[6],徐旷"日阅之,因博通五经,明左氏春秋"[7],鲁世达"炀帝时为国子助教,撰毛诗章句义疏四十二卷,行于

---

① 刘海峰. 中国考试发展史 [M]. 武汉:华中师范大学出版社,2002:399.

② 魏徵,令狐德棻. 隋书 [M]. 北京:中华书局,1973:1707.

③ 魏徵,令狐德棻. 隋书 [M]. 北京:中华书局,1973:1716.

④ 黄永年. 二十四史全译·新唐书 [M]. 上海:汉语大词典出版社,2004:4225.

⑤ 魏徵,令狐德棻. 隋书 [M]. 北京:中华书局,1973:1393—1394.

⑥ 魏徵,令狐德棻. 隋书 [M]. 北京:中华书局,1973:1716.

⑦ 黄永年. 二十四史全译·新唐书 [M]. 上海:汉语大词典出版社,2004:4225.

世"①。据清人皮锡瑞对《隋书·经籍志》的总结:"于《易》云:'梁、陈,郑玄、王弼二注,列于国学。齐代,唯传郑义。至隋,王注盛行,郑学浸微。'于《书》云:'梁、陈所讲,有郑、孔二家。齐代,唯传郑义。至隋,孔、郑并行,而郑氏甚微。'于《春秋》云:'《左氏》唯传服义。至隋,杜氏盛行,服义浸微'。"②

二、隋代成人教育教材发展特点

(一) 尤为重视《礼》在治理国家中的积极作用

《礼》展示了一个完善的国家典制,分管范围最为广泛:天官负责宫廷,地官负责民政,春官负责宗族,夏官负责军事,秋官负责刑罚,冬官负责营造。记载礼的体系最为系统,又有祭祀、封国、丧葬等国家大典。经过魏晋南北朝的分裂动荡,版图的统一更需要礼制的约束和制度的规范。由此,魏晋南北朝时期自由玄化的教材建设指导思想为隋人所摒弃。从当时存世数量看,隋代的成人教育教材之一的《礼》在当时存世"右一百三十六部,一千六百二十二卷"③,为当时五经存世量之首。从国家重视程度和研习规模看,隋代的《礼》远超前代。开皇三年(583年),隋文帝采纳柳昂建议,诏曰,"建国重道,莫先于学。尊主庇民,莫先于礼……宜祗朕意,劝学行礼"④,"自是天下州县皆置博士习礼焉"⑤。仁寿二年(602年),隋文帝"敕令杨素、苏威、牛弘、薛道衡、许善心、虞世基、王劭等学界博达令望者,修订《五礼》,'五礼',即吉礼、凶礼、宾礼、军礼、嘉礼"⑥。"开皇初,高祖征山东义学之士,(马)光与张仲让、孔笼、窦世荣、张黑奴、刘祖仁等俱至,并授太学博士,时人号为六儒。尝因释奠,高祖亲幸国子学,王宫以下毕集,光升座讲礼,启发章门。……山东三礼学者,自熊安生后,唯宗光一人。"⑦辛彦之"撰坟典一部,六官一部,祝文一部,礼要一部,新礼一部,五经异义一部,并行于世"⑧。马光"尤善三礼,为儒者所宗"⑨。

① 魏徵,令狐德棻. 隋书 [M]. 北京:中华书局,1973:1724.
② 皮锡瑞. 经学历史 [M]. 北京:中华书局,2004:137.
③ 魏徵,令狐德棻. 隋书 [M]. 北京:中华书局,1973:924.
④ 魏徵,令狐德棻. 隋书 [M]. 北京:中华书局,1973:1278.
⑤ 魏徵,令狐德棻. 隋书 [M]. 北京:中华书局,1973:1278.
⑥ 刘学智. 中国学术思想编年(隋唐五代卷)[M]. 西安:陕西师范大学出版社,2006:44.
⑦ 魏徵,令狐德棻. 隋书 [M]. 北京:中华书局,1973:1717.
⑧ 魏徵,令狐德棻. 隋书 [M]. 北京:中华书局,1973:1709.
⑨ 魏徵,令狐德棻. 隋书 [M]. 北京:中华书局,1973:1717.

（二）儒家经典首次成为国家考试内容

开皇七年（587 年），废止魏晋以来的九品中正制。大业二年（606 年），始建进士科，试策取士。大业三年（607 年），隋炀帝下诏"文武有职事者，五品以上，宜令十科举人"①，"十科"即指"孝悌有闻，德行敦厚，节义可称，操履清洁，强毅正直，执宪不挠，学业优敏，文才美秀，才堪将略，膂力骁壮"②，标志着科举制度的正式建立。科举制的建立有力地避免了自汉代以来征辟、察举制和魏晋南北朝九品中正制的选仕弊端，为科学、客观、公平地选拔官吏开辟了新道路，是封建中国选官制度的里程碑。刘学智指出，隋唐科举制"改变了魏晋以来九品中正制'重门第'的状况，而趋向'重才学'，遂使士族垄断政权的状况有所改变，庶族士人有了参与政权的机会"③。杨智磊总结道："科举考试以一种全新的选拔官吏的方式为封建官吏的中央政府官吏结构的调整开辟了一条新的道路。其次，科举考试制度扩大了统治阶级的阶级基础。再次，科举的创设，使儒学思想由在上层社会风行的现象而逐渐为社会的下层所接受和流行。"④ 隋代的科举考试内容取自儒家经典，可从《旧唐书·杨绾传》中略窥一二："近炀帝始置进士之科，当时犹试策而已……其所习经，取左传、公羊、穀梁、礼记、周礼、仪礼、尚书、毛诗、周易，任通一经，务取深义奥旨，通诸家大义。"⑤ 唐人魏徵亦指出："诸子为经籍之鼓吹，文章乃政化之黼黻，皆为治之具也。"⑥ 上述可知，自隋代始，科举取士所采用的教材内容就是来自儒家经典，这也为日后科举考试内容的选择奠定了基础。

三、隋代成人教育教材发展历程和特点对当今的启示

（一）当代成人教育教材的核心价值观必须体现和弘扬社会主义核心价值观

魏晋南北朝时期长期分裂，造成成人教育教材呈现出融合孔孟人伦思想与老庄自由哲学的趋势，脱离具体实际，空谈玄理。为了使绝大多数被统治者在精神和思想上高度统一，隋代封建统治者吸取和总结前朝的教训和经验，非常

① 魏徵，令狐德棻. 隋书［M］. 北京：中华书局，1973：68.
② 魏徵，令狐德棻. 隋书［M］. 北京：中华书局，1973：68.
③ 刘学智. 中国学术思想编年（隋唐五代卷）［M］. 西安：陕西师范大学出版社，2006：53.
④ 杨智磊. 中国考试制度管理史［M］. 郑州：中州古籍出版社，2007：106—107.
⑤ 黄永年. 二十四史全译·旧唐书［M］. 上海：汉语大词典出版社，2004：2858—2859.
⑥ 魏徵，令狐德棻. 隋书［M］. 北京：中华书局，1973：909.

重视道德民风的教化和礼乐精神的褒扬。《礼》作为当时最受隋代统治者青睐的成人教育教材，确实起到了传播封建正统思想的作用。结合现阶段我国国情，在构建和谐社会的大形势下，面对新形势，党中央高度重视社会主义核心价值体系建设，党的十八大报告创造性地提出，倡导富强、民主、文明、和谐，倡导自由、平等、公正、法治，倡导爱国、敬业、诚信、友善，明确了社会主义核心价值观的概念内涵，昂然竖起中华民族新时期的精神旗帜。因而新时代的成人教育教材的编写与撰定须以社会主义核心价值观为准线，以培养成人学生爱国主义、集体主义思想为目标，以传承中华民族传统美德为己任，高扬社会主义的伟大旗帜。

（二）高等教育自学考试教材亟须由普高化向特色化转变

1981年1月13日，国务院发文批转《教育部关于高等教育自学考试试行办法的报告》，并将北京、天津、上海作为第一批试点城市。自学考试制度经过数十年的发展，逐步完善，形成国家考试、社会助学和个人自学相结合的高等教育形式。虽然自学考试制度与封建科举制度有本质区别，但历经1300余年的科举制度在考试内容、组织管理等方面的经验和教训也为自学考试的开展夯实了基础；另外，科举制度所形成的"以考促学""学而优则仕"的观念也深入人心，其倡导的公平、公正、公开的选吏理念移植到了自学考试制度机体之中。因此，从科举取士所选择的儒家经典来看，要选拔优秀人才不仅要考察选拔对象的道德品质，还要将对儒家思想与文化的考量贯穿始终。而儒家学说被封建统治阶级奉为经典，充分说明当时作为成人教育教材的儒经对治国兴邦的重要指导意义。现阶段的自学考试所采用的教材多是普通大专院校的统编或自编教材，该类教材对学习者知识水平和结构提出了较高要求。由于成人学习者受教育水平、年龄差距以及社会背景的差异，自考教材不仅要提供成年个体在参与自学考试过程中所遇到的难题的解决方案，还应该正确引导自考生对自身职业生涯进行规划，而非简单盲目地偏重应试技能培养与备考知识积累。

第五章　唐　代

公元 618 年，李唐王朝建立。唐朝是世界公认的中国强盛的王朝之一，"它与汉代并称为中华帝国的两个黄金时代"①。虽然汉唐两代的政治、经济、文化和教育等许多方面均有许多相似之处，但汉唐二朝也有各自特点与发展规律，特别是处于封建社会由盛世走向衰落的转折点的唐朝。教育史学界对于汉唐时期的教育体制、教育思想等做了较为充分的研究，但对成人教育方面重视程度不够，特别是对教材建设方面，有必要对唐代成人教育教材的发展历程进行梳理和总结，从唐朝成人教育教材发展历程中，反观现代成人教育教材建设与改革的不足，进而促进我国成人教育事业的蓬勃发展。

一、唐代成人教育教材发展历程

"经学是历代统治者治国安邦的学说，从整个经学史来看，唐代是一个重要的时期，处于承前启后的转折关头，唐前期总结了自汉代以来的章句注疏之学，代表性的成果是孔颖达等人编纂的《五经正义》，中后期则开启了宋明以来的义理之学，以啖、赵、陆的新《春秋》学为代表"②，据此将唐代划为初唐和中晚唐两个时段分别探讨其发展历程。

（一）初唐成人教育教材发展历程

在经籍的注疏释义方面，隋唐之际的陆德明编撰《经典释文》三十卷，"后高祖亲临释奠，时徐文远讲孝经，沙门惠讲波若经，道士刘进喜讲老子，德明难此三人，各因宗指，随端立义，众皆为之屈……撰经典释文三十卷、老子疏十五卷、易疏二十卷，并行于世……太宗常阅德明经典释文，甚嘉之"③。唐初儒家学者进行了工程颇大的五经释义工作，"太宗又以经籍去圣久远文字多讹谬，诏前中侍郎颜师古考定五经，颁于天下，命学者习焉。儒学多门，章

---

① 崔瑞德，费正清，鲁惟. 剑桥中国隋唐史 [M]. 中国社会科学院历史研究所西方汉学研究课题组，译. 北京：中国社会科学出版社，1990：148.

② 张巍. 中晚唐经学研究 [D]. 济南：山东大学，2008：5.

③ 刘昫. 旧唐书·陆德明传 [M]. 北京：中华书局，1975：4945.

句繁杂，诏国子祭酒孔颖达与诸儒撰定五经义疏，凡一百七十卷，名曰五经正义，令天下传习"①。

在经籍的内容修订方面，五经之一的《礼》出现较大规模的改动。在太宗和高宗时期分别形成两部重要礼书《贞观礼》《显庆礼》。"太宗皇帝践阼之初，悉兴文教，乃诏中书令房玄龄、秘书监魏徵等礼官学士，修改旧礼，定著吉礼六十一篇，宾礼四篇，军礼二十篇，嘉礼四十二篇，凶礼六篇，国恤五篇，总一百三十八篇，分为一百卷"②，即上述《贞观礼》。高宗时，李义府等重修《贞观礼》，删去其中的《国恤》，形成《永徽五礼》，即上述《显庆礼》。

（二）中晚唐成人教育教材发展历程

科举考试所涉及内容大多源自儒家经典，"凡礼记、春秋左氏传为大经，诗、周礼、仪礼为中经，易、尚书、春秋公羊传、穀梁传为小经。通二经者，大经、小经各一，若中经二。通三经者，大经、中经、小经各一，通五经者，大经皆通，余经各一。孝经、论语皆兼通之"③。由于科举考试中《礼记》比《左传》字数少，《易》《书》《诗》等三经与《周礼》《仪礼》《公羊》《穀梁》相比难度更浅，士人往往避难就轻，选择字数少、难度小的经书应试，进而造成《左传》《周礼》等诸经少人研习，引起了当时儒家学者的高度重视，"国子司李元璀上言三传、三礼及毛诗、尚书、周易等，并圣贤微旨，生人教业，必事资经远，则斯道不坠。今明经所习，务在出身，咸以礼记文少，人皆竞读。周礼经邦之轨则，礼仪庄敬之楷模，公羊、穀梁历代从习，今两监及州县以独学无友，四经殆绝"④。开元十六年（728年），杨玚奏曰："且今之明经，习左传者十无二三，若此久行，臣恐左氏之学，废无日矣……望能通周、仪礼、公羊、穀梁者，亦量家优奖。"⑤

在经籍的内容修订方面，中后期唐朝统治者尤重《孝》《礼》等的阐释与发扬。唐玄宗曾言："能立天下之大本，成人天下之大经，美政教，移风俗，君君臣臣，父父子子，人到今受其赐。"⑥御注的《孝经》也体现了统治者对教材编撰的重视。开元十年（722年），"六月辛丑，上训注孝经，颁于天

---

① 刘昫. 旧唐书·儒学传序［M］. 北京：中华书局，1975：4941.
② 刘昫. 旧唐书·礼仪志［M］. 北京：中华书局，1975：816−817.
③ 欧阳修. 新唐书·选举志［M］. 北京：中华书局，1975：1160.
④ 杜佑. 唐通典·选举志［M］. 北京：中华书局，1988：355.
⑤ 刘昫. 旧唐书·玄宗本纪［M］. 北京：中华书局，1975：4820.
⑥ 刘昫. 旧唐书·礼仪志［M］. 北京：中华书局，1975：920.

下"①。开元十四年（726 年），"通事舍人王嵒上疏，请删去《礼记》旧文而益以今事"②。值得一提的是《孟子》在唐中后期受到学者重视，礼部侍郎杨玚建言将《孟子》与《论语》《孝经》并列为"兼经"。此举虽未被唐玄宗采纳，但首开《孟子》升为"经"之先河。

二、唐代成人教育教材发展特点

（一）教材思想的多元化

首先，在教材编撰的宏观指导思想方面，唐代成人教育教材荟萃了儒、佛、道三家的精髓，以儒为宗，援佛入儒、援道入儒。魏晋南北朝时期，政权分立，战争频繁，佛教中诸多宣扬来世的思想麻痹了广大人民群众，使其逐步发扬壮大。佛、道两教发展至隋唐，已成为一股不可忽视的社会力量。唐王朝意图由魏晋的大分裂转向隋唐政治、经济文化，以及宗教的大一统，就必须兼顾多股社会势力。"这需要儒学有一个变化，在保存儒学基本思想的同时，吸取佛、道二家的研究成果，创立一种新的儒学体系。所以，隋及唐初儒学的统一，是兼容佛、道学说的统一。"③ 此时，儒家经籍的编撰承担着杂糅儒、释、道三家学说的重任。在唐初编撰的统一经学教材——《五经正义》中，孔颖达通过《周易正义》完成了对儒、释、道三家之言的整合，一方面多次运用佛家术语阐释经典；另一方面又提出"道""形""器""气"，与道家所谓"道"不谋而合。而韩愈、李翱、柳宗元、刘禹锡是唐中后期援佛入儒的领军人物。其次，在教材编撰的具体实践方面，唐儒还融合了汉代谶纬与魏晋义理。宝应元年（762 年），李鼎祚著《周易集解》。今人刘学智指出："就易学思想说，历史上，汉代郑玄易学多讲天象，形成以象数解易的传统；魏王弼易学侧重于讲人事，形成以义理解易的传统。李氏则扬郑抑王，自称'刊辅嗣（王弼）之野文，补康成（郑玄）之逸象'。"④

（二）教材编写的民主化

唐代儒经的标准读本《五经正义》经历了漫长的筛选、校订、编撰、审核、颁行的过程。其间，孔颖达与颜师古、司马才章等诸多儒师投入时间长、耗费精力多且编成后遭受部分学者诟病，但其最终经受住了考验，成为后世研

---

① 刘昫. 旧唐书·玄宗本纪 [M]. 北京：中华书局，1975：183.
② 欧阳修. 新唐书·礼乐志 [M]. 北京：中华书局，1975：309.
③ 张岂之. 中国儒学思想史 [M]. 西安：陕西师范大学出版社，1990：328.
④ 刘学智. 中国学术思想编年（隋唐五代卷）[M]. 西安：陕西师范大学出版社，2006：419.

习儒经的蓝本。首先在教材原始素材的筛选上，贞观四年（630年），唐太宗鉴于自汉以来年代久远、文字多谬，命颜师古考定《五经》，并形成《五经定本》，经颜师古与房玄龄等诸儒充分辩论，最终使得该书通行天下。其次在教材内容的校订上，博采众长，《周易》采魏王弼注，《尚书》选汉孔安国传，《毛诗》用汉毛公传郑玄笺，《礼记》引汉郑玄注，《左传》择晋杜预注。博通经史的孔颖达负责整体校编，专精一经的专家负责具体的章句训诂工作。再次在教材的编撰上，采用"疏不破注"的原则，考据唐以前经注义疏存世数量，并分别加以比较评价。贞观十六年（642年），总计一百七十卷的《五经正义》完成。在该书编撰完成后，颇受争议。在教材的审核修订上，上至太宗，下至诸儒，都颇为重视，并引发一系列的争论。马嘉运"以颖达所撰正义颇多繁杂，每掎摭之，诸儒亦称为允当"①。永徽二年（651年），"诏中书门下与国子三馆博士、弘文馆学士考正之，于是尚书左仆射于志宁、右仆射张行成、侍中高季辅就加增损，书始布下"②，经过充分酝酿和诸儒讨论后，《五经正义》经过了较为详细的审查修订。最终，永徽四年（653年），"颁孔颖达五经正义于天下，每年明经令依此考试"③，这标志着《五经正义》的正式颁行，也标志着自初唐至清末的标准经学教材地位基本奠定。《五经正义》编撰完成并颁行于世后，仍有批评质疑之声。濮州儒师王元感认为"表上所撰《尚书纠谬》十卷、《春秋振滞》二十卷、《礼记绳愆》三十卷"④，对《五经正义》提出诸多质疑。祝钦明、郭山恽等以其有违先师旧义，颇不以为然。而魏知古赞其书为"五经指南"，王元感遂被奉为儒者宗。

除《五经正义》外，唐朝统治者尤为重视《礼记》。朝中诸儒基于该教材修订与创新广开言路，言而不尽。太宗时，魏徵因小戴礼记编次不伦，随编撰《类礼》二十卷，获太宗首肯，抄录数本赐予太子诸王，且藏于秘府。玄宗时，魏光乘奏请用魏徵所著《类礼》行于学官，遂令元行冲召集范行恭、施敬本等诸儒校订删削《类礼》。而尚书左丞相张说极力反对，张认为魏徵、元行冲等不守章句之学，有违旧本。借此辩论后，"留其书贮于内府，竟不得立于学官"⑤。开元十四年（726年），通事舍人王嵒上疏精简《礼记》旧文，从而满足当时礼司需要。而集贤院学士张说奏言，不仅要修订《礼记》旧文，还应兼

① 刘昫. 旧唐书·马嘉运传［M］. 北京：中华书局，1975：2603.
② 欧阳修. 新唐书·孔颖达传［M］. 北京：中华书局，1975：5644.
③ 刘昫. 旧唐书·高宗本纪［M］. 北京：中华书局，1975：71.
④ 刘昫. 旧唐书·王元感传［M］. 北京：中华书局，1975：4963.
⑤ 刘昫. 旧唐书·元行冲传［M］. 北京：中华书局，1975：3178.

采贞观、显庆五礼仪注，比对古今流变加以折中修订。唐玄宗接受后者建议，几经周折，方成一百五十卷的《大唐开元礼》。

（三）教材教学的分科化

贞观五年（631年），"设国子监，领六学：一曰国子学，生徒三百人，分习五经，一经六十人；二曰太学，生徒五百人，每一经一百人；三曰四门学，生徒一千三百人，分经之制与太学同"①。"学校所习课程为应举之预备。凡博士、助教，分经授诸生，未终经者无易业。"② 开成元年（836年），郑覃："奏：'太学新置五经博士各一人，请依王府官例，赐以禄粟。'"③ 皮锡瑞指出："唐以《易》、《书》、《诗》、三《礼》、三《传》合为九经，取士。《礼记》、《左传》为大经，《毛诗》、《周礼》、《公羊》为中经，《周易》、《尚书》、《仪礼》、《穀梁》为小经。以经文多少分大中小三等，取士之法不得不然。"④ 据此可知，唐代科举取士是造成士人分而习之的直接原因。而寻其根源，是由于儒学发展至东汉，呈现出繁琐化、宗派化、谶纬迷信化的特点，再经过魏晋南北朝发展出南北之学，使得儒经注疏的版本种类日益庞杂，靠个人力量已不能完全掌握诸经精髓，加之科举考试的开展要求有统一的义理解释，遂在唐代将课程与教材分科教学业已成为历史必然。

（四）教材传播的国际化

唐代国力强盛，经济、军事实力在东亚乃至世界都首屈一指，科技、文教事业蓬勃发展。唐代先进的政治、文化制度深刻影响了众多周边藩属国和建立外交关系的国家。由隋始创的科举制度也在东南亚、东北亚多个国家被广泛采用，因而周边国家对于唐代成人教育教材也无一例外地借鉴与吸收，如新罗、日本、吐蕃、渤海等国。"贞观五年以后，太宗数幸国学，遂增筑学舍一千二百间，增置学生凡三千二百六十员……无何，高丽、百济、新罗、高昌、吐蕃诸国酋长，亦遣子弟请入。"⑤ 垂拱二年（686年），"新罗王金政明请礼记一部，并杂文章。命所司写吉凶要礼并文馆词林采其词规诫者勒成五十卷与之"⑥。开元四年（716年），日本"又遣使来朝，因请儒士授经。诏四门助教

① 杜佑. 唐通典（卷53）[M]. 北京：中华书局，1988：1468.
② 熊承涤. 中国古代教育史料系年 [M]. 北京：人民教育出版社，1985：265.
③ 刘昫. 旧唐书·文宗本纪 [M]. 北京：中华书局，1975：565.
④ 皮锡瑞. 经学历史 [M]. 北京：中华书局，2004：148.
⑤ 杜佑. 唐通典（卷53）[M]. 北京：中华书局，1988：1467-1468.
⑥ 王溥. 唐会要·蕃夷请经史 [M]. 北京：中华书局，1955：667.

赵玄默就鸿胪寺教之"①。开元十九年（731年），"命有司写毛诗、礼记、左传文选各一部，以赐金城公主，主从其请也"②。神龙元年（705年）"敕吐蕃王及可汗子孙，欲习学经业，宜附国子学读书"③。开元二十六年（738年），"渤海遣使求写唐礼及三国志、晋书、三十六国春秋，许之"④。各国遣唐使将我国源远流长的儒家思想的火种播撒到世界各地。国外学者对我国成人教育教材所承载内容的阐释与弘扬达到了空前绝后的程度。

三、唐代成人教育教材发展历程和特点对当今的启示

（一）成人教育教材思想更应兼采东西方思想之精华

百年来，我国教育学在甲午中日战争后从日本引入，"1919年至1949年，这一时期的教育学已一改以前译介日本的做法，而是转而仿效美国（兼及德、苏），其主体是在大量吸收美国杜威、桑代客等人教育思想的基础上而进行的草创"⑤，"1949年至1956年，是我国政治、经济制度发生重大变革的时期，也是对教育学进行改造并进而全面'苏化'的时期"⑥。由于客观世界局势和意识形态的影响，我国教育体制受苏联影响较深，教材建设的主导思想单一，造成很长一段时间以来我国成人教育教材理论滞后于实践，滞后于欧美发达国家，指导教材理论研究和实践研究的学科理论不成熟。改革开放以后，我国成人教育教材的理论和实践均有较大发展与完善。然而随着我国加入世界贸易组织，经济全球化对我国经济、科技、文化和教育等各行业带来的巨大冲击，需要教材编撰工作者广泛吸收国外成人教育教材编撰的先进经验。以马克思主义哲学思想为指导，结合我国特殊国情和具体实践，对西方人文主义、进步主义、行为主义、人本主义等各哲学流派关于教材建设的观点进行批判审视，谨慎吸收。

（二）成人教育教材的编写更注重学术民主与集中

《五经正义》从编撰到形成最终定稿，广泛征集学界各家建议。时任国子监祭酒的孔颖达在儒家经籍的研究方面有极深的造诣，却依然能够博采众长，虚心接受批评和建议，促进了《五经正义》的进一步完善。正是由于这种学术

---

① 刘昫. 旧唐书·东夷传［M］. 北京：中华书局，1975：5341.

② 王溥. 唐会要·蕃夷请经史［M］. 北京：中华书局，1955：667.

③ 王溥. 唐会要·附学读书［M］. 北京：中华书局，1955：667.

④ 王溥. 唐会要·蕃夷请经史［M］. 北京：中华书局，1955：667.

⑤ 郑金洲. 中国教育学百年［M］. 北京：教育科学出版社，2002：18.

⑥ 郑金洲. 中国教育学百年［M］. 北京：教育科学出版社，2002：101

民主的作风，才最终促成了《五经正义》被后世沿用千年，成为自唐以降的标准科举应试教材。在我国成人教育教材的编撰过程中，出现了成人教育教材与成人具体实践脱节的现象，诸多教材仅是普通高等教育教材的翻版，缺乏自主创新，与社会对人才质量和数量的要求脱节。用人单位参与到成人教育课程与教材的编制与实施中已成为必然趋势，而如何在成人教育机构与用人单位之间建立有效沟通和交流的途径，把社会对于人才质量数量要求反馈到成人教育课程和教材中来，是我国成人教育课程开发教材建设亟须解决的重大课题。以此在教材编写过程中，应充分听取企事业用人单位意见，从而开发出既能够满足社会需要，又能促进成人个体知识与技能积淀和提升的精品教材。特别是在职业教育类教材的编撰过程中，书本教材内容编排和实训内容选择需要有兼具一线工作经验和一定文化水平的技师参与。只有书本知识和具体实践充分结合，才能培养出技术熟练、富有创造性、适应能力强的高级技术人才。在教材的编撰过程中，应发扬学术民主，广泛吸取意见建议。在充分酝酿的基础上，制定国家相关课程和教材编制标准，促进校本教材、乡土教材的开发。

（三）成人教育教材分科教学基础上兼顾综合型知识

由于科举制度分科考试的直接原因，加之汉魏以降章句注疏颇为烦冗的历史原因，唐代成人教育教材的传授出现分科化。分科教学有利于成人个体对某门儒经有较为透彻的领悟，有利于减轻成人学习者习经和应试压力，也有利于各官私学教育机构因材施教。黄伟指出："因为对人的素质的整体性塑造，不是各门课程、各科教学的简单叠加。实现对人的素质的整体性塑造首要之义和当务之急是加强学科教学整合与协同。"[①] 我国成人教育教材的使用也是出于减轻成人学者学习压力的原因，考虑到成人学习者自身知识结构和文化水平，进行分科教授。而信息时代的来临，各类知识爆炸性增长，传统的分科教学已难以适应当今社会人才市场的激烈竞争，因此分科教材对于成人学习者的适用性和实用性有待进一步商榷。但完全取消分科教材，盲目地综合各学科门类知识，不符合现阶段成人教育具体实践。适当拓宽成人学习者专业学科边界，丰富个体的知识内涵，使其知识结构进一步完善，是现阶段成人教育教材编撰工作者的重要课题和任务。"现代社会所需要的人才，是跨学科、泛学科的能力强的扩展型人才，是具备综合能力和终身发展能力的劳动者。而要培养这样的人才，没有学科内容交叉与渗透的综合课程是难以实现的。"[②]

---

① 黄伟. 试论学科教学研究的整合与发展 ［J］. 教育研究，2010（04）：75.
② 杨洪林. 关于成人高等教育课程改革的思考 ［J］. 教育与职业，2007（02）：41.

（四）成人教育精品教材必须迈向世界

18 世纪中叶，工业革命的兴起，促进了欧美诸国由传统农业社会向新兴的资本主义社会迅速蜕变。而我国正处于封建社会末期，闭关自守的对外政策，使我国的政治、经济、军事、科技均落后于人。唐代是封建盛世的巅峰时期，这也意味着之后封建社会逐步走向衰败。因而传统的儒家经典教材已经难以适应国外发展的趋势，被国外学者奉为成人教育教材圭臬的时代已经结束。从新中国成立至今，我国逐步改变积贫积弱的局面，正快步迈向世界强国之列，科技、教育、文化实力也进一步加强，为了增进世界对中国语言和文化的了解，促进全球多元文化发展，我国在借鉴各国推广本民族语言文化经验的基础上，采取中外合作办学方式，在海外设立汉语推广机构。此举改变了自新中国成立以来，我国先后引进苏联、欧美、日本等国的先进科学技术和成人教育教材的局面，开始向海外凡有意促进汉语教学及中外教育文化交流并符合条件的高等院校和社会机构提供免费汉语教学教材。但随着国力增强，建设中国特色社会主义实践所积淀的丰富经验必将为我国成人教育教材的创新建设提供蓝本。我国当代成人教育精品教材必将随着全球一体化的进程而推向世界。

第六章　宋　代

公元 960 年，北宋的建立结束了"安史之乱"以来分裂割据的局面，相对安定的社会政治环境促成了宋代教育事业的蓬勃发展局面，当今学界对于宋代文教政策、教育制度等的探索较为深刻和细致，但对宋代教材发展历史的研究尚不够系统和完善，特别是两宋时期成人教育教材的探索更属凤毛麟角。对两宋成人教育教材内容、特点和历程的把握，无疑对当今我国成人教育教材的编写与改革具有举足轻重的借鉴意义，本章试图就宋代官学与私学成人教育教材的发展特点及历程进行梳理，力求得出对我国成人教育教材开发与改革的有益启示。

一、宋代成人教育教材发展历程

"国不可久无储贰，故天子、诸侯十五而冠、十五而娶，娶必先冠，以夫妇之道，王教之本，不可以童子之道治之……礼十五为成童，以次成人，欲人君之早有继体，故因以为节。"① 朱熹《大学章句序》载，"成人之者，将责成人礼焉也。责成人礼焉者，将责为人子为人弟为人臣为人少者之礼行焉"②，认为"及其十有五年，则自天子之元子、众子，以至公、卿、大夫、元士之适子，与凡民之俊秀，皆入大学"③。

（一）宋代官方成人教育教材发展历程

1. 两宋前期官方成人教育教材以承袭旧制为主

教材内容上表现出继承性。北宋建立初期，"就是循唐代官学之旧，即因袭《五经正义》、《九经正义》之学，学者治学与朝廷明经取士，都存在着显著的承袭特征"④。在学者治学方面，"初，国子监因周旧制，颇增学舍，以应荫

① 李学勤. 春秋穀梁注疏 ［M］. 北京：北京大学出版社，1999：175.
② 佚名. 礼记 ［M］. 上海：上海古籍出版社，1987：323.
③ 朱熹. 四书章句集注 ［M］. 北京：中华书局，2011：2.
④ 赫广霖. 论北宋经学的因变 ［J］. 宁夏社会科学，2007（6）：112.

子孙隶学受业。是年，国子监上言生徒旧数七十人，分习五经"①；在朝廷明经取士方面，"初宋沿五代之制，科目较多，进士试诗赋、策论及帖经、墨义，诸科考试帖经、墨义"②，其中诸科举即经、传、礼、史、法等多种科目的统称，即《九经》《五经》《三史》《三礼》等科目，科举在制度上和内容上的守旧，必定造成为科举服务的宋代官方成人教育教材在内容上因袭唐和五代范式。

教材种类上体现选择性。"邢昺，受诏与杜镐、舒雅、孙奭、李慕清、崔偓佺等校定周礼、仪礼、公羊、穀梁、春秋传、孝经、尔雅义疏"③，"孙奭尝奉诏与邢昺，杜镐校订诸经正义、庄子、尔雅谬误"④，张雪红指出："宋代法定的经学核心教材《十三经正义》，得以颁行天下被广为传播。"⑤ 这表明，宋朝当政者不仅传承前人经验，还将本朝统治思想以经典注疏方式灌输到意图通过科举改变命运的寒门士人的头脑中。另由于时局和阶级矛盾的变化，熙宁六年（1073 年），"置经义局，修诗、书、周礼三经义，命王安石提举，吕惠卿、王雱同修撰"⑥。至熙宁八年（1075 年），修书毕，"遂颁于学官，号曰《三经新义》"⑦。正如神宗所说："其以颁行，使学者归一。"⑧ 王安石出于变法图强、去繁就简的改革思路，对科举考试进行了调整，并主持撰定了《三经新义》，又是对前人经典著述的部分摒弃。但究其根本原因，官学成人教材种类和内容的增删都是为维持宋朝统治稳定服务的。

教材功能上体现实用性。"苏湖教法"的创始人胡瑗在经学研究方面造诣颇深，于石介、孙复并称"宋初三先生"。一方面，胡瑗重视和发扬经学义理，固守孔孟之道的传统。另一方面，注重明体达用，"体"就是指孔孟之道的根本理论，"用"就是具体实践即学以致用，反对前人对于古籍经典的虚浮与保守，"强调明体达用就是反对不达实际的浮虚。也就是反对不入人事的传统的训诂之学"⑨。"胡瑗（993—1095）字翼之，泰州如皋人，其经学著作有《春

① 脱脱，帖睦尔达世，贺惟一，等. 宋史 [M]. 北京：中华书局，1977：3758.
② 刘海峰. 中国考试发展史 [M]. 武汉：华中师范大学出版社，2002：77.
③ 脱脱，帖睦尔达世，贺惟一，等. 宋史 [M]. 北京：中华书局，1977：12798.
④ 脱脱，帖睦尔达世，贺惟一，等. 宋史 [M]. 北京：中华书局，1977：12807.
⑤ 张雪红. 论宋代国子监教育传播的新特征和传播职能的转变 [J]. 河南大学学报（社会科学版），2006（4）：21.
⑥ 毕沅. 续资治通鉴 [M]. 北京：中华书局，1957：1735.
⑦ 毕沅. 续资治通鉴 [M]. 北京：中华书局，1957：1777.
⑧ 毕沅. 续资治通鉴 [M]. 北京：中华书局，1957：1777.
⑨ 赫广霖. 论北宋经学的因变 [J]. 宁夏社会科学，2007（6）：114.

秋要义》30 卷、《中庸义》1 卷、《尚书全解》28 卷等"①。欧阳修曾曰："弟子去来常数百人，各以其经转相传授，其教学之法最备。"② 这也为二程和朱熹对儒家思想的改造与发扬奠定了基础。

2. 两宋中后期官方成人教育教材内容实现质的飞跃

在两宋前中期，经过几代学人的继承与发扬，完成了两宋成人教育教材内容改革创新的经验积累。到了宋代中后期，儒家经学教材完成了量上的积累，质的飞跃也就势在必行了。特别是在南宋中后期，理学思想占据统治地位，以白鹿洞书院为代表的私学成人教育机构率先使用理学教材，进而影响官学成人教育教材的彻底改造。将《论语》《孟子》《大学》《中庸》列为《四书》，提高了《论语》《孟子》的学术地位。"自宋以后，《四书》的地位几乎超过《五经》"③，太学教材"南宋后期，又增加程朱语录和'四书'"④。"国子司业刘燀请以朱熹论语、孟子集注立学，从之。"⑤ 这表明理学思想家更注重孟子思想的发扬以及对经学思想义理的更为深层的探究与阐释。

（二）宋代私学成人教育教材发展历程

宋代"私学"的界定在学界尚存较大争议，本章试将私学定义为除国子监、太学、州学、县学等官办学校系统以外的教育机构和学校。以书院为主要形式的私学教育机构承担了两宋时期成人教育的主要职能，私学成人教育教材内容与书院教学目的密切相关。

1. 科举考试内容决定北宋私学成人教育教材内容

北宋初，建隆元年（960 年）至庆历三年（1043 年），从书院教材发展内因上看，在"重文抑武"的历史背景下，科举选任得到了长足发展，也催生了一大批意图通过科举跻身仕林的读书人，"除当时社会、经济方面的制约以及科举制的影响之外，国子监自身的教学方式、方法以及管理制度方面的缺憾，也是导致其无法真正履行培养人才的职责，甚至不能培养统治者所期望的科举人才的重要内因"⑥，造成了书院"成为官学的替代机构"⑦。虽然也有泰山书

---

① 赫广霖. 论北宋经学的因变 ［J］. 宁夏社会科学，2007（6）：114.

② 欧阳修. 欧阳修文集 ［M］. 北京：中华书局，2001：389.

③ 毛礼锐，沈灌群. 中国古代教育史 ［M］. 北京：北京大学出版社，1983：327.

④ 曲士培. 中国大学教育发展史 ［M］. 北京：北京大学出版社，2006：93.

⑤ 毕沅. 续资治通鉴 ［M］. 北京：中华书局，1957：4316.

⑥ 李兵. 书院与科举关系研究 ［M］. 武汉：华中师范大学出版社，2005：30.

⑦ 李兵. 书院与科举关系研究 ［M］. 武汉：华中师范大学出版社，2005：40.

院孙复等将《春秋》《易》等方面的研究成果与教学相结合①，但私学成人教育教材的编排在北宋初期仍旧无法摆脱以科举考试内容为中心的窠臼。我们可以从今人李兵②总结的数据中管窥一二：北宋前期官学、书院的教学内容和科举考试内容分别有：《诗》《书》《易》《左传》《穀梁传》《公羊传》《礼记》《周礼》《仪礼》，孔颖达《五经正义》，徐彦《公羊传疏》，杨士勋《穀梁传疏》，贾公彦《周礼注疏》《仪礼注疏》；在经义教学方面与官学基本相同；此外还有《春秋》《史记》《玉篇》《唐韵》等；在杂文方面，诗、赋、论、文各一首，策五道；帖经，考《论语》十条；墨义，考《春秋》或《礼记》十条。从书院成人教育教材发展外因上看，朝廷重视书院成人教育教材的建设与发展，"宋太平兴国二年（977）知江州周述言庐山白鹿洞学徒数千百人，请赐《九经》书肄习，诏从其讲，仍驿送之"③，"咸平（真宗）二年（999），潭守李允……请下国子监赐诸经释文义疏《史记》、《玉篇》、《唐韵》，从之"④，"至道二年（996）七月甲辰，赐院额及印本《九经书疏》。祥符三年（1010）赐太室书院《九经》"⑤。

北宋中晚期，三次兴学促使官学得到长足发展，与此同时，北宋前期作为官学替代机构的书院开始走向没落，这就导致了书院所使用的成人教育教材有为科举服务的功能。进而书院的成人教育教材开始由传播官方统治思想向传播新儒家思想转变，以程颢、程颐创办的明道书院为例，"伊川先生之学，以《大学》、《论语》、《孟子》、《中庸》为标指，而达六经，使人读书穷理"⑥，"学者当以《论语》、《孟子》为本。《论语》、《孟子》既治，则《六经》可不治而明矣"⑦。

2. 南宋私学成人教育教材内容成为科举考试内容

南宋前期，新儒学的思想多次遭到朝廷的镇压。这就使得朱熹等诸多新儒家将书院作为传播新儒学的讲学场所，因而这段时间里，出现"私学"成人教育教材与科举考试内容相悖的局面，庆元二年（1196 年），"二月，省闱知贡举叶翥等秦论文弊。六经、论语、孟子、中庸、大学之书为世大禁"⑧，到了南宋中后期，程朱理学逐渐由"伪学"上升为官学统治思想，使得原来仅在书

① 李兵. 书院与科举关系研究［M］. 武汉：华中师范大学出版社，2005：62.
② 李兵. 书院与科举关系研究［M］. 武汉：华中师范大学出版社，2005：42.
③ 孟宪承. 中国古代教育史资料［M］. 北京：人民教育出版社，2010：172.
④ 孟宪承. 中国古代教育史资料［M］. 北京：人民教育出版社，2010：172.
⑤ 孟宪承. 中国古代教育史资料［M］. 北京：人民教育出版社，2010：172.
⑥ 李兵. 书院与科举关系研究［M］. 武汉：华中师范大学出版社，2005：67.
⑦ 程颢，程颐. 二程遗书（卷二五）［M］. 上海：上海古籍出版社，2000：379.
⑧ 黄宗羲. 宋元学案（卷九七）［M］. 北京：中华书局，1986：3207.

院教学中使用的成人教育教材推广至国子监、州县学等各级各类官学系统。"继宁宗朝将《论语集注》和《孟子集注》列为教科书之后，理宗和度宗先后下令把朱熹的《大学章句》《中庸章句》《仪礼经传通解》《通鉴纲目》，周敦颐的《太极图说》，张载的《西铭》，程颐的《易传序》和《春秋传序》定为学校教材。"① 另外，还有其他的理学大师将自己对于儒家经典的理解和研究运用到书院的教学中，"南宋吕祖谦……编著《东莱左氏博议》、《近思录》（与朱熹合著）等，供生徒学习"②。

北宋科举考试内容决定私学成人教育教材内容，而南宋私学成人教育教材内容成为科举考试内容，从本质上反映了理学思想的地位从学界边缘迈向学界中心，由民间杂说跃升为国家意志的蜕变。因为科举考试内容反映了封建地主阶级的统治思想，而官学必然以传播官方统治思想为己任，灌输君权神授等封建纲常伦理，这一点与科举所要达到的政治目的不谋而合。而私学在北宋期间作为官学的替代教学机构必然以科举内容为指针，从而导致私学教材的科举化、官方化。而到了南宋，私学不再是官学的附庸，而是被大批理学家改造成为传播自由学术精神的研究机构。同时，理学被统治者树立为官方统治哲学，私学成人教育教材就一跃取代官学教材，控制时代话语权。

二、宋代成人教育教材发展特点

（一）鲜明地反映两宋统治者力图钳制士人思想的政治诉求

自赵匡胤建立北宋王朝以来，就确立了"重文抑武"的思想，通过科举选任拉拢士族阶层，而以科举考试内容为风向标的宋代成人教育教材就必须是宣扬封建伦理纲常为主的儒家经典，从而在思想上和理论上，控制那些想要通过科举入仕的读书人的思想，确立宋王朝统治的合理性和正统性。虽在两宋时期，作为官学和私学的成人教育教材的儒家经典历经增删，但总体上还是反映了不同时期，宋朝统治者因时制宜的改变统治策略的趋向，到南宋中后期臻于成熟的程朱理学就是宋朝当政者将儒家经学思想发挥到极致的表现。自两宋以降，元明清三代也沿袭宋制，将程朱理学确立为官方统治思想，而以儒家经典作为后代成人教育教材也就成为必然，"元代科举考试内容以程朱理学和《四

---

① 袁征. 宋代教育——中国古代教育的历史性转折 [M]. 广州：广东高等教育出版社，1991：74.

② 邓洪波. 中国书院学规 [M]. 长沙：湖南大学出版社，2000：30.

书章句集注》为主"①，明代科举考试内容是："第一场试四书义三道，经义四道，四书以朱子集注为主，易经以程传、朱子本义为主。"②

（二）创造性地改造了先秦以来成人教育教材所体现的逻辑思维方式

两宋是理学产生与发展的重要时期："理学盛于宋代，其研究儒家经典的精神和方法，与汉代儒家经师学者重视训诂考据的所谓'汉学'不同。"③ 汉代统治者将君权神授的观念灌输于民，都以"天意"作为纲纪伦常的理论依据或根源。然而时代的发展，汉代经学思想不足以统治人民思想，于是出现理论性和逻辑性更强的哲学体系，即宋代理学。特别是南宋时期，程朱理学开始成为统治思想学术主流。虽在"庆元党禁"中被斥为伪学，但总体趋势上，理学思想下启明清，成为封建社会中后期正统思想，原因就在于，理学所侧重的义理研究更适合封建社会中晚期大地主阶级的统治需要。而宋代成人教育教材所体现的逻辑思维方式更是以文本形式固化了理学侧重的义理思维模式。

（三）国家垄断成人教育教材的编辑、整理、校订、刊刻、发行

两宋成人教育教材的编撰、出版以及传播呈现出新特点：以国子监为代表的官学教育行政机构垄断教材的编辑发行，孔维"受诏与学官校定五经疏义，刻板行用"④。太宗时，"（李）至上言：'五经书既已板行，惟二传、二礼、孝经、论语、尔雅七经疏未修，望令直讲崔颐正、孙奭、崔偓佺等重加雠校，以备刊刻。'从之"⑤。这是由于北宋以来"重文抑武"的大背景下，国家重视文教事业与传统统治思想的手段之一就是垄断教材的编辑与发行。另外，活字印刷术的发明也突破了前朝人工抄写和雕版印刷耗时长、成本高的局限。

三、宋代成人教育教材发展历程和特点对当今的启示

（一）成人教育教材内容应服务于社会主义和谐社会的构建

两宋时期，封建地主阶级进一步加强对人民的思想统治，从而巩固宋朝的中央集权统治和封建道德秩序。在这一时期产生并得以完善的理学，适应了官方对于正统统治哲学的迫切需要，程朱理学就自然服务于统治阶级诉求，通过

---

① 杨荣春. 中国封建教育史 [M]. 广州：广东人民出版社，1985：338.
② 杨荣春. 中国封建教育史 [M]. 广州：广东人民出版社，1985：384.
③ 毛礼锐，沈灌群. 中国古代教育史 [M]. 北京：北京大学出版社，1983：325.
④ 脱脱，帖睦尔达世，贺惟一，等. 宋史 [M]. 北京：中华书局，1977：12812.
⑤ 脱脱，帖睦尔达世，贺惟一，等. 宋史 [M]. 北京：中华书局，1977：9177.

成人教育教材传播封建伦理纲常思想就成为必然。新中国成立以来，我国的政治制度决定了我国成人教育教材必须大力弘扬爱国主义与集体主义精神，必须将构建社会主义和谐社会的理念和实践贯穿到教材内容中。就目前而言，我国成人教育教材还存在着轻视理论、重视技能的倾向，这是由成人教育教材自身特点和我国国情决定的。要实现成人教育教材质的突破，就必须以思想政治教育为主线，以构建社会主义和谐社会为目标、理论教授和技能培养并重。只有以发展的眼光和全局的观念指引成人教育教材的编写，才会实现新的跨越。

（二）成人教育教材对传统儒家思想的批判与继承

宋代成人教育教材在吸收儒家思想精华的基础上，更注重对经学义理的探索，一改汉唐以来偏重章句注疏、不讲义理的经学笺注形式，"对汉唐以来众儒固守的儒家经典文本进行了破坏性和超越性的阐释"[①]。两宋儒家大多提倡通过对经典的理解，进而"明道""明理"。也就是说，现代人重读经典并非要对经书章句熟稔于心，而是从中得到修身齐家治国平天下的道义，这无疑对我国成人教育教材的编撰整理有巨大的指导意义：一方面批判传统儒家思想中封建腐朽落后的伦理纲常；另一方面又要在现代成人教育教学中弘扬中华民族传统美德，挖掘人性化和实用性的古典素材，开发出符合中国当代国情又能传承中华民族悠久文化的成人教育教材。这对教材开发者来说提出了更高的标准和要求：一方面，广泛涉猎儒家经学典籍，从中归纳总结出符合现代成年人的伦理道德规范。另一方面，从成人心理和学习动机出发，探讨古今成人教育契合点，摸索出符合国人自身特点的成人教育教材。

（三）各级教育行政部门对成人教育教材出版严格把关

北宋初，朝廷组织诸多名儒编辑校订《周礼》《诸经正义》等，形成《十三经正义》等的监本，一度成为士人争相购买的权威教材。北宋中后期王安石等编撰《三经新义》，南宋确定四书五经为法定教材并将其赐予各官学和书院，无一不体现了宋廷对教材收集整理、校订、出版发行的严格控制。这就促进了全国各级各类成人教育机构使用的教材版本的标准统一，从源头保证科举选拔的公正性。就当前的成人教育教材来说，从宏观的制度层面来说，尚缺乏持续稳定有效的版权保护机制，一些地方的相关执法机构对违法行为打击力度有待提高，相关立法进程缓慢、相关管理制度缺失影响了我国成人教育教材的出版。从微观的执行层来说，一些地方的各级各类成人教育机构缺乏对教材的评

---

① 郭学信. 论宋学兴起的原因 ［J］. 山东师范大学学报（人文社会科学版），2002（06）：96.

审筛选机制，造成部分盗版教材流入课堂，甚至个别院校的不法人员借盗版教材牟取暴利。教育行政管理部门联合工商、司法、新闻出版等相关机关在各级政府的统一领导和部署下严厉打击盗版教材的违法行为，同时推进成人教育教材版权的立法保护进程。各级各类成人教育机构逐步建立起以机构负责人、专业教师、教材采购管理者组成的教材审核机构，加强对三方的职业道德和法制观念的培养。

　　不可否认，以两宋为代表的整个封建社会的成人教育都是服务科举取士，进而服务于地主阶级的思想统治。由于时代局限和阶级立场，这其中必然充斥着陈腐落后的封建伦理纲常思想，但也不乏古人对于成人教育教材的深刻认识。通过对两宋成人教育教材的回顾与审视，确实能从中找到能为我国成人教育事业发展有所借鉴的闪光点。作为成人教育的一线工作者来说，需要揣摩和学习宋人的成人教育教材编撰思路、逻辑构成、传播模式，只有这样才能真正做到继往开来、开拓创新。

第七章　元　代

公元 1206 年，成吉思汗始建蒙古汗国，定国号为元。元代蒙古王朝是我国历史上第一个由少数民族建立政权并统治全国的封建王朝。鉴于疆域的广阔和少数民族专政的特殊情况，元代统治者对于儒家经典的态度几经反复，但最终还是确立程朱理学为封建统治的理论基础。就目前来讲，学界有人对封建社会成人教育教材做了一些收集与整理，有学者从成人教育史的角度简要提及元代成人教育教材的使用。[①] 但总的来说，无论是相关研究的成果数量还是研究本领域的学者都还比较少，迄今为止还没有发现专门论述元代成人教育教材发展历程并对其特点加以总结的研究成果，所以有必要对此展开细致调查研究。另外，从元代这一断代来讲，无论是教育史界还是成人教育界，对其发展阶段都还没有引起应有的重视，虽有学者对元代教育有过历史性总结，但多停留于宏观教育政策、科举制度、普通教育等问题上，少有对成人教育的相关领域加以密切关注和探究。鉴于成人教育理论界对于元代的成人教育教材的认识深浅不一，本章试图在回顾元代成人教育教材的发展历程之上，总结其发展特点，并得出某些现代成人教育教材推陈出新的有益启示，盼以引玉。

一、元代成人教育教材发展历程

北方游牧文化多侧重个体生存技能的培养，与以儒家思想为代表的中原农耕文化倡导培养内心自省、修身治国齐家平天下的理念相冲突，这就导致元代早期统治者轻视儒家学说的传承与改造。以儒家经典学说为主要传播内容的成人教育教材的建设就更显乏力了。一方面，元代最高统治集团在儒学兴废问题上举棋不定，未将其重要性上升到思想统治的高度。姚枢"修学校，崇经术，旌节孝，以为育人才、厚风俗、美教化之基"[②]。赵良弼"言：'宋亡，江南士人多废学，宜设经史科以育人材，定律令以戢奸吏。'帝尝从容问曰：'高丽，小国也，匠工奕技，皆胜汉人；至于儒人皆通经书，学孔、孟。汉人惟务课赋

---

① 董纯朴. 中国成人教育史纲［M］. 北京：中国劳动出版社，1990：30—32.
② 宋濂. 元史［M］. 北京：中华书局，1976：3712.

吟诗，将何用焉！'良弼对曰：'此非学者之病，在国家所尚何如耳。尚诗赋，则必从之；尚经学则人亦从之矣'"①。 "十一月，诏议立科举法，不果行。……至元初，史天泽、王鹗屡请以科举取，又请依前代立国学，选蒙古人诸职子孙百人教习，俟其艺成，然后试用。皆未及施行。至是和礼霍孙与留梦炎等复言。世祖可其奏，义立科举法。会和礼霍孙罢，事遂止。"② 另一方面，经过建朝以来十数年的反复争论，元代统治者逐渐意识到儒家经典学说在兴邦治国方面的重要性。元世祖忽必烈"诏诸路岁贡儒吏，儒必通吏事，吏必知经史者，各道按察使举廉能者，升等迁叙"③。叶李"'……请复立提举司，专提调学官，课褚生讲明治道……'，可其奏。又请立太学……世祖皆从之"④。程文海"首陈：兴建国学，乞遣使江南搜访遗逸，御史台、按察司，并宜参用南北之人，帝嘉纳之"⑤。从教材内容和科举考试科目来看，"凡读书必先孝经、小学、论语、孟子、大学、中庸，次及诗、书、礼记、周礼、春秋、易。博士、助教亲授句读、音训，正、录、伴读以次传习之"⑥。"考试程式：蒙古、色目人第一场经问五条，《大学》、《论语》、《孟子》、《中庸》内设问，用朱氏《章句》、《集注》。其义理精明，文辞典雅者为中选。……汉人、南人第一场，明经、经疑二问，《大学》、《论语》、《孟子》、《中庸》内出题，并用朱氏《章句》、《集注》，复以己意结之，《诗》以朱氏为主，《尚书》以蔡氏为主，《周易》以程氏、朱氏为主。以上三经，兼用古注疏。《春秋》许用《三传》及胡氏《传》，《礼记》用古注疏。"⑦ 从教材适用对象来看，"其生员之数，定二百人，先令一百人及伴读二十人入学。其百人之内蒙古半之，色目、汉人半之"⑧。程朱理学虽在元代升为官方权威理论，但还是难以阻止儒家经学教材在封建社会中后期逐渐的衰落。清人皮锡瑞评道，"论宋、元、明三朝之经学，元不及宋，明又不及元"⑨。有学者指出，"元代四书学的确也很难有多少理论创新，更未取得如宋代周、张、程、朱、邵、陆等理学大师那样能够在学术史

① 毕沅. 续资治通鉴 [M]. 北京：中华书局，1957：5030—5031.
② 陈邦瞻. 元史纪事本末 [M]. 北京：中华书局，1979：55.
③ 毕沅. 续资治通鉴 [M]. 北京：中华书局，1957：5070—5071.
④ 宋濂. 元史 [M]. 北京：中华书局，1976：4048.
⑤ 宋濂. 元史 [M]. 北京：中华书局，1976：4016.
⑥ 宋濂. 元史 [M]. 北京：中华书局，1976：2029.
⑦ 陈邦瞻. 元史纪事本末 [M]. 北京：中华书局，1979：58—59.
⑧ 宋濂. 元史 [M]. 北京：中华书局，1976：2029.
⑨ 皮锡瑞. 经学历史 [M]. 北京：中华书局，2004：205.

上开宗立派的学术成就"①。

二、元代成人教育教材发展特点

（一）儒学教材内容成为研究自然科学的理论基础

元代的理学家力求弥补宋末理学的荒疏，南北方以吴澄和许衡为代表，在程颐、朱熹等人的理学基础上，阐释和发扬自宋以来的用"'道'、'太极'、'气'等概念来讨论宇宙的起源问题"②。张岂之等学者指出，"哲学（理学）以其高度概括性和抽象性，对自然和社会规律的整体把握，本体论、认识论和方法论等智慧之学，直接间接来指导、影响科学技术家的思想和行动"③。宋元理学作为哲学化的儒学，一方面受统治者维护思想统治的需要，被改造为宣扬君权神授的唯心主义思想，但其中闪耀着辩证理性的逻辑思维的光芒。在儒学哲学化之后，宋元明三代的科技成果远超前代，进而实现该段历史时期科技成果数量的井喷式增长。元代天文学家郭守敬制定的《授时历》，通行三个多世纪，是当时世界上一种最先进的历法。郭守敬自幼随祖父郭荣遍习五经，其深厚的理学思想功底为其在天文、历算、数学方面的成就夯实了基础。另一方面，元代统治者也十分注意各行各业从业者的理学涵养，不通儒家经籍者无法取得行业从业资格。元平阳路泽州知州王称指出，"然亦须通四书，不习四书者禁诏不得行医，务要成才以备试验擢用"④。

（二）儒家经典教材首次广为少数民族受教育者传习

蒙古族作为第一个入主中原的少数民族，经过数十年的利弊权衡，最终还是采用了宋代以降的程朱理学作为自身维护统治的思想工具，并且尤其重视蒙古族统治集团内部的思想重构。一方面，将以汉字为书写载体的儒家经典转为蒙语的翻译工作就提上了议事日程。"遣使四方旁求经籍，识以玉刻印章，命近侍掌之。有进大学衍义者，命王约等节而译之"⑤，"翰林学士承旨图古勒都尔密实。刘赓等译大学衍义以进，帝览之，谓群臣曰：大学衍义议论甚嘉，其令翰林学士阿琳特穆尔编译之"⑥，"中书左丞博洛特穆尔以国字译孝经进"⑦。

① 周春健. 元代四书学研究 [M]. 上海：华东师范大学出版社，2008：304.
② 张岂之. 中国思想学说史·宋元卷（上）[M]. 桂林：广西师范大学出版社，2008：308.
③ 张岂之. 中国思想学说史·宋元卷（下）[M]. 桂林：广西师范大学出版社，2008：813.
④ 柯劭忞. 新元史 [M]. 北京：中国书店，1988：317.
⑤ 毕沅. 续资治通鉴 [M]. 北京：中华书局，1957：5324.
⑥ 毕沅. 续资治通鉴 [M]. 北京：中华书局，1957：5423.
⑦ 毕沅. 续资治通鉴 [M]. 北京：中华书局，1957：5328.

另一方面，上至王公贵族，下至书院山长，都掀起传习儒家经典的热潮。元顺帝，诏皇太子阿裕实哩达喇习学汉人文字①。十月太子入端本堂肄业②，诏以李好文所进经训要义付端本堂，令太子习焉③；"吴置儒学提举司，以宋濂为提举，吴国公命长子标从受经学"④。元明善"言集治诸经，惟程、朱诸儒传耳"⑤，周仁荣"治易、礼、春秋，用荐者曾署美化书院山长……所教弟子多为名人"⑥，吴澄"乃著孝经章句、校订易、诗、书、春秋、仪礼及大小戴礼"⑦，程端礼"独从史蒙游，以传朱氏明礼用之指……所著有读书工程，国子监颁以示郡邑校官，为学者式"⑧。但封建蒙古贵族采取民族歧视政策，将蒙古人、色目人、汉人区别对待。从科举选官看，"复立国子学试贡法。蒙古授官六品，色目正七品，汉人从七品。试蒙古立法宜从宽，色目生宜稍加密，汉人生则全科场之制"⑨，不仅成人教育教材的受众对象、影响和传播范围受到极大影响，也致使儒家经典学说难以广泛地为世人共享和发扬。相较于蒙古贵族的特权，汉族和少数民族知识分子被区别对待，加剧了以蒙古族为主的统治阶层和以汉族为主的被统治阶层的民族矛盾和阶级矛盾，元朝统治最终被推翻也和文教政策中的民族歧视政策息息相关。

三、元代成人教育教材发展历程和特点对当今的启示

（一）成人教育教材内容应广泛吸收马克思主义哲学之精髓

经过宋代和元代的不断继承与弘扬，儒学被数代儒学家发扬改造为富含哲学色彩的理学。儒家经典教材作为传播理学思想的重要媒介，有力地促进了古人对自在世界和人为世界认识的深化，对推动当时生产力的发展功不可没。经过百余年的社会实践证明，马克思主义哲学是认识和改造世界唯一的科学思想武器。马克思主义哲学是指导自然科学和社会科学的方法之学，是人类认识和改造世界的强大工具。只有坚持和按照马克思主义哲学固有的科学本质和内在逻辑来理解其深藏奥义，才能在处理人与自然的关系、处理社会与经济发展的

① 毕沅. 续资治通鉴 [M]. 北京：中华书局，1957：5707.
② 毕沅. 续资治通鉴 [M]. 北京：中华书局，1957：5709.
③ 毕沅. 续资治通鉴 [M]. 北京：中华书局，1957：5710.
④ 毕沅. 续资治通鉴 [M]. 北京：中华书局，1957：5871.
⑤ 毕沅. 续资治通鉴 [M]. 北京：中华书局，1957：5496.
⑥ 宋濂. 元史 [M]. 北京：中华书局，1976：4346.
⑦ 宋濂. 元史 [M]. 北京：中华书局，1976：4011.
⑧ 宋濂. 元史 [M]. 北京：中华书局，1976：4343.
⑨ 宋濂. 元史 [M]. 北京：中华书局，1976：2030.

关系，在建设中国特色社会主义的实践中，真正充分发挥马克思经典理论的巨大社会作用。现阶段，教材编制设计者多考虑成人职业和生活需要，按照成人个体知识结构和学习能力，有针对性地设计成人教育教材内容。这种具体问题具体分析的方法无可厚非，这是由于要充分考虑成人学习者的工学矛盾。但从长远来看，这种满足短线需求的教材编制方案难以适应日益激烈的全球化竞争，难以符合社会对复合型人才的需求。马克思主义哲学从实践出发认识世界，在世界观、历史观和认识论上都获得了焕然一新的现实解释，构筑了唯物的、彻底的、科学的、现代的哲学体系。只有充分认识到马克思主义哲学的科学性和优越性，并将其在成人教育教材编制过程中予以发挥，才能真正指导成人的终身学习和构建学习型社会的具体实践。

（二）大力推进少数民族成人教育教材的开发与革新

国家应根据各少数民族的特点和需要，帮助各少数民族地区发展教育事业。受历史和地域等诸多因素的影响，少数民族地区经济、文化、教育事业都普遍落后于汉族聚居地区。部分少数民族的方言与普通话差异较大，也是其教育落后的原因之一。我国成人教育培养了一大批优秀少数民族人才，为服务少数民族地区做出了突出贡献。但应该清醒地认识到，少数民族教育相对于我国教育发展总水平来说还有一定差距，要实现少数民族基础教育普及化、高等教育大众化还有很长一段路要走。因而现今最重要的实现手段就是大力推进少数民族成人教育，提高民族地区的受教育水平。

虽然元代成人教育有民族歧视的不良倾向，但作为最高统治集团的蒙古族贵族教育也确实为我们现今改革成人教育教材提供了有益观点。首先，在推广国家通用语言和文字的同时，也要保护少数民族自己的语言和文字。在教材编制过程中，吸取少数民族课程教材开发专家意见，开发富有民族和地区特色的校本教材与乡土教材。其次，以立法的形式切实保证少数民族受教育的权利，只有制定和完善了相关法律法规，才能从根本上改变我国民族教育的地位。"特别是少数民族教育基本法——《少数民族教育法》的起草制定，将极大地推进民族教育立法工作的进程，开辟民族教育事业和民族教育立法工作的新纪元。"[1] 最后，民族地区多位于我国欠发达的西部和边疆地区，地域辽阔但网络基础设施不发达，少数民族同胞对前沿科技理论的了解、热点资讯的掌握程度还不如沿海地区，因而应架构信息高速公路，拓宽互联网覆盖范围，开发形式多样的课程教材，通过不同渠道使每一个渴望学

---

① 陈立鹏，李娜. 我国少数民族教育 60 年：回顾与思考 [J]. 民族教育研究，2010 (1)：12.

习的人都能够接受到良好的教育。特别是针对成年人来讲，少数民族地区同胞由于多种原因失去就学机会，而互联网为其提供了完整解决方案，学习者完全可以根据自己的需要搜索相关课程资源，进而丰富自己的知识架构，提升自身的社会竞争力。

第八章　明　代

　　1368 年，朱元璋称帝，以应天府为京师，国号大明，年号洪武，建立明朝。不久后明军攻占大都，元朝灭亡，顺帝逃遁，不足百年的元朝统治宣告结束，取而代之的是最后一个由汉族建立的封建王朝——明朝。明朝是中国封建社会由盛转衰的关键节点，经济实力远超世界平均水平的同时，政治经济体制的弊端逐渐显现。统治者要想维护落后陈腐的政治经济体制，束缚人民的思想，就必须灌输封建专制思想。理论界对古代教育的研究散见于普通学校教育、科举选士、宫廷教育、中央和地方官学教育等内容。理论界对明代成人教育研究着力不多，本章旨在从教材的角度，对明代成人教育的发展历程、特点做梳理，并将明代成人教育的发展过程中存在的问题作为我国现阶段改革与创新成人教育教材的反面典型予以借鉴，希望借此为我国现阶段成人教育教材的发展指引更明晰的方向。

一、明代成人教育教材发展历程

（一）中央与地方政府对成人教育教材的内容选择

　　从明代建朝以来，成人教育教材的内容几经变更。明太祖朱元璋于洪武二年（1369 年）"命儒臣纂礼书"[①]。明太祖朱元璋认为《孟子》中"草芥、寇仇"等词汇是对明朝皇族和统治的暗喻，不适宜颁定为明代官方的成人教育教材供臣民所用，但孟子在整个儒家学术思想史中地位之崇高无法忽视，遂"然卒命儒臣修《孟子》节文云"[②]。较为详细记录明太祖朱元璋增删成人教育教材内容的当属明代学者黄佐的《南雍志》，"命刘三吾删去《孟子》八十五条，如'民为贵，社稷次之，君为轻'；《梁惠五篇》'国人皆曰贤'，'国人皆曰可杀'一章；'时日曷丧，予及汝皆亡'；《离娄篇》'桀纣之失天下也，失其民也；失其民者，失其心也'一章；《万章篇》'天与贤则与贤'一章，'天视自我民视，天听自我民听'，'君有大过则谏，反复之而不听，则易位'；'闻诛一

---

① 张廷玉. 明史［M］. 北京：中华书局，1974：23.
② 张廷玉. 明史［M］. 北京：中华书局，1974：3982.

夫纣矣，未闻弑君也'；'君之视臣如草芥，则臣视君如寇仇'"①。明代的封建统治者还将自宋代以来的理学著作与理学家言论汇编成集，形成《五经大全》《四书大全》和《性理大全》。统治者审核通过《五经大全》《四书大全》和《性理大全》后，"颁《五经四书性理大全》于两京六部、国子监，及府州县学"②。明代成人教育教材内容多与科举考试内容一致，多选用由程朱注释的四书五经，"规制与元略同，而专取朱子所定四书《易》、《书》、《诗》、《春秋》、《礼记》命题"③。《四书》注释主要采用朱熹集注，《易》主程颐、朱熹本义，《尚书》取蔡沈传及古注疏，《诗经》还是主要采用朱熹的说法，《春秋》的集解来源就显得颇为广泛，有《左氏春秋》《公羊春秋》《穀梁春秋》，以及胡安国、张洽传，《礼记》则来源于古注疏。

（二）中央与地方政府对成人教育教材的教学使用

明代皇室的宗族教育，高权德考据，"宗族教读之书有《皇明祖训》、《孝顺事实》、《四书》、《五经》、《通鉴》、《性理大全》"④。这种说法在明清诸多史料中得以印证。首先，明帝王作为学习者，所使用的成人教育教材有《四书》《五经》《大学衍义》等。"帝命以三月三日往。（李）时勉升师席，诸生以次立，讲五经各一章。"⑤ "尝问以帝王之学，何书为要。（宋）濂举大学衍义。"⑥ "时景帝即位之时，侍讲刘定之言：司马光之告君，以明仁武为言，即《中庸》所谓知仁者也知仁勇非学而能之哉！经莫要于《尚书》、《春秋》。"⑦ 刘定对儒家经典治理国家的作用有较为深刻的认识，"既知禹汤文武之所以兴，又知桀纣幽厉之所以替，而趋避审矣"⑧。明帝王为了彰显对宫廷教育的重视，也时常扮演儒家教师角色。"亲说《尚书》。《大禹谟》、《皋陶谟》、《洪范》大旨。命刘仲质立学规十二条，合钦定九条，颁赐诸生。"⑨ "帝诣国子监释奠，御彝伦堂授经，设几榻，赐讲官及大臣翰林坐。"⑩ 其次，在对皇太子的教育上，

---

① 熊承涤. 中国古代教育史料系年 [M]. 北京：人民教育出版社，1985：664.
② 熊承涤. 中国古代教育史料系年 [M]. 北京：人民教育出版社，1985：671.
③ 熊承涤. 中国古代教育史料系年 [M]. 北京：人民教育出版社，1985：646.
④ 高权德. 试论明代的教育及其管理制度 [J]. 山西大学学报（哲学社会科学版），2005（06）：110.
⑤ 张廷玉. 明史 [M]. 北京：中华书局，1974：4424.
⑥ 张廷玉. 明史 [M]. 北京：中华书局，1974：3786.
⑦ 熊承涤. 中国古代教育史料系年 [M]. 北京：人民教育出版社，1985：681.
⑧ 熊承涤. 中国古代教育史料系年 [M]. 北京：人民教育出版社，1985：681.
⑨ 熊承涤. 中国古代教育史料系年 [M]. 北京：人民教育出版社，1985：655.
⑩ 熊承涤. 中国古代教育史料系年 [M]. 北京：人民教育出版社，1985：668.

洪武元年（1368年），"建大本堂，命魏观侍太子说书，及授诸五经"①。成化十四年（1478年），"皇太子出阁就学。时有老奄覃吉者侍太子，口授《四书》章句及古今政典"②。明代功臣及其子弟选用的习读教材与御用教材大同小异。"已巳，诸王子受经于博士孔克仁。令功臣子弟入学。"③武将多出身行伍，少有接受系统的儒学教育。为了使武将掌握必要的君臣之礼，遂"诏儒臣更直午门，为武臣讲经史"④。最后，为了适应明代宦官参与政权的需要，专门为宦官设立内书堂。儒家经典教材势必会成为宦官教育的首选，"当时士子所诵读的《大学》、《论语》、《中庸》和《孟子》，即'四书'，这些与一般的官学私塾相同"⑤。洪武二年（1369年），明太祖在修建国学时，就诏令全国府州县兴学立校，"宜令郡县皆立学校，延师儒，授生徒，讲论圣道，使人日渐月化，以复先王之旧……生员专治一经，以礼、乐、射、御、书、数设科分教，务求实才"⑥。为了表示对儒家先圣的尊重，还特别对孔、颜、孟等后裔进行教育，"设孔、颜、孟三氏教授司，置教授、学录等，令三氏子孙入学习礼"⑦。中央政府也经常将成人教育教材颁发给地方学校，"颁《五经》、《四书》于北方学校"⑧，"嘉靖元年赐播州儒学四书集注，从宣慰杨相奏也"⑨。

二、明代成人教育教材发展特点

（一）内容删减反映统治者在思想上的专制

通过明人黄佐的《南雍志》记载可知，明太祖朱元璋对《孟子》中"民贵君轻"等言论有过多处增删。这不仅体现了封建社会的森严等级统治，也反映出明代统治者在封建社会晚期在文化思想领域的垂死挣扎。"政治专制必然造成学术思想领域的文化专制局面。明代统治者除了大兴文字狱，对士人大开杀戒以外，更重要的是加强对学术领域的控制，使学术为集权专制统治服务。"⑩程朱理学主张"存天理、灭人欲"的理念，对维持封建纲常伦理道德起到了理

① 熊承涤. 中国古代教育史料系年 [M]. 北京：人民教育出版社，1985：643.
② 熊承涤. 中国古代教育史料系年 [M]. 北京：人民教育出版社，1985：691.
③ 张廷玉. 明史 [M]. 北京：中华书局，1974：22.
④ 熊承涤. 中国古代教育史料系年 [M]. 北京：人民教育出版社，1985：647.
⑤ 吴仕伟. 略论明代宫廷的宦官教育 [J]. 昆明学院学报，2009（02）：54.
⑥ 张廷玉. 明史 [M]. 北京：中华书局，1974：1686.
⑦ 熊承涤. 中国古代教育史料系年 [M]. 北京：人民教育出版社，1985：650.
⑧ 熊承涤. 中国古代教育史料系年 [M]. 北京：人民教育出版社，1985：653.
⑨ 张廷玉. 明史 [M]. 北京：中华书局，1974：8044.
⑩ 吴雁南，秦学顼，李禹阶. 中国经学史 [M]. 福州：福建人民出版社，2001：432.

论支撑作用，程朱理学的儒家思想顺理成章地成为明代官方的学术思想。明代成人教育教材的内容经过统治者和御用文人的加工整理后，必然对教材受众对象产生直观影响。而科举考试通过考核士人对内容的熟悉程度优胜劣汰。从科举考试中被择优录取的士人必然对封建专制统治的思想熟稔于心，进一步加强了专制独裁统治。

（二）教材剽窃暴露出理学在明代的式微

总的来说，明代成人教育教材的改造是饱受诟病的，对永乐十二年（1414年）胡广等人修订《五经大全》的评价，清人皮锡瑞引用顾炎武语："《春秋大全》全袭汪克宽《胡传纂疏》，《诗经大全》全袭元人刘瑾《诗传通释》。"① 又谓之曰："其三经，后人皆不见旧书，亦未必不因前人也。取已成之书，抄誊一过，上欺朝廷，下诳士子……经学之废，实自此始。"这是由于明代已经走在封建时代的下坡路，无论是政治制度还是教育体制都无法再适应经济发展的需要。特别是在明代中后期，在政治上，封建专制统治异常强大，导致统治思想难以与时俱进，适应衰落中的封建主义经济。在教育方针政策制定上，统治者力图用传统儒家思想来扼杀新兴的资本主义萌芽，主要体现农耕文化的儒家经典教材难以适应现实需要、抄袭前代就成为必然。另外，作为教材的编撰者——明代儒师在这一阶段大多墨守成规，"拾宋元之余唾，袭前人之糟粕，师承有自，恪守家法，不敢稍越藩篱，遵从宋儒之言，躬行践履，一意修诗，不事著述"②。方孝孺、曹端、薛瑄以及胡安居等为代表的明初理学大师在儒家学说的理论创新上鲜有建树，成人教育教材的改革和创新也就无从谈起。

（三）考试内容和形式制约了教材内容的革新

明代科举考试完全成了国子监和地方官学教育教学的指挥棒。颜丙震指出国子监的教育目的就是"'学而优则仕'，即培养忠顺的封建官吏"③。科举制度在明代是衡量学生知识水平甚至是治国水平的唯一标准。因而科举考试的内容直接决定主流成人教育教材的内容取向。另外，八股文在明代已成为考试制度的固定程式。八股文是明清科举考试中所要求运用的一种文体，这种文体在四书五经中摘录部分文句作为题目，用程朱注释作为标准答案，阐发议论。之所以取名八股，就是指该文体在形式上分为破题、承题、起讲、入手、起股、中股、后股、束股八部分组成。"在写作上集散文的章法、骈文的排偶和诗词

---

① 皮锡瑞. 经学历史 [M]. 北京：中华书局，2004：209.
② 吴雁南，秦学颀，李禹阶. 中国经学史 [M]. 福州：福建人民出版社，2001：440.
③ 颜丙震. 明代国子监对现代高等教育的启示 [J]. 安徽学院学报，2010（04）：70.

的格律为一体，并限定用一定的格式、体裁和字数的一种综合性的、标准化的应考文章。"① 这样的考试文体钳制了参考士子的创造力和批判力，内容仅限程朱注解，使得教材的内容没有新的突破；而形式上采用八股文，导致教材的思维形式呆板。总之，明代以降的考试内容和形式阻滞了当时成教教材的发展。

三、明代成人教育教材发展历程和特点对当今的启示

（一）教材内容的增删应该符合当今多元化社会和全球化经济的需要

有学者指出，"程朱理学在明代上升为官方哲学，处于独尊的地位，这一方面带来了程朱理学的繁荣，另一方面也不可避免地使之日趋呆滞、僵化。因为任何思想一旦定于一尊，势必导致其活力的减弱和式微。其最突出的表现便是当时的学者不仅缺乏思想的创造，而且学术上也极少创新，画地为牢，一依程朱的范围"②。这是由于，明代作为封建社会重要的历史转型节点，控制言论、出版自由成为这一朝代政治秩序维持稳定的重要保障。在教材的内容选择上必然会回避"民贵君轻"的内容。而现在我国处于社会主义社会，与封建社会的政治体制、经济基础以及教育制度都有本质的不同。封建社会为大地主贵族阶级服务，而社会主义社会的统治阶级是人民群众，因而无论教育制度还是教育方针、宗旨都是围绕人民民主专政的政治体制构造。因而现当代的成人教育教材和封建社会的成人教育教材有本质的不同，封建时代教材是为统治阶级剥削人民服务，而现当代教材着力为广大人民群众治理好国家服务。国家宪法明确规定言论和出版自由，在现阶段成人教育教材的编写工作呈现出百家争鸣、百花齐放的局面。但随着全球一体化的持续推进、高新技术的日新月异，成人教育教材内容的增加删改一方面要为维持人民民主专政的国家政权服务；另一方面还要适应社会和经济发展的需要，努力在教材编撰过程中体现高新技术发展需要，进而为社会培养复合型人才。

（二）教材内容的改革与创新必须突出重点和与时俱进

经过工业革命以来的三次产业革命，全球的劳动生产率实现质的飞跃，生产技术日新月异，人类也由此从古代社会向近代社会和现代社会迈进。由于古

---

① 刘海峰. 中国考试发展史［M］. 武汉：华中师范大学出版社，2002：147.

② 唐明贵. 论语学史［M］. 北京：中国社会科学出版社，2009：369.

代封建社会的生产方式相对原始，农耕文明所需要的生产技术和经验没有太大的提升空间，因而决定了知识的更新速度缓慢，教材映射的内容的深度和广度十分有限。以我国封建社会的儒家经典教材发展历程来看，经学教材的内容陈旧、更新速度缓慢且把多数有利于提高劳动生产力的先进技术视为奇技淫巧。数千年的儒家人文积淀和统治者的大力推崇，使得儒家学说达到了当时学术顶峰，形成后人难以超越之势。一方面，明清统治者还要求当时的儒家学者有所创新；另一方面，儒家思想经过千余年的发扬和阐释，在缺乏实践支持的基础上，尽显疲态与颓势。当朝的御用儒家学者只能将前人的经典学说稍加改动，甚至全盘抄袭以应付统治者的执政需要。在经济一体化的今天，我国成人教育事业培育的人才要适应社会经济变化的需要。有学者指出，成人教育教材的编制"力求一本教科书观点正确，概念清楚，逻辑推理有根有据，内容系统完整。同时，反映学科的最新发展，帮助指导学生掌握学科发展最新成就，提高教育对象的素质，开发其创造力，使我们的教育对象不断接受新理论、新技术、新方法，力求内容接近世界科技发展的前沿"①。教材的编制始终会滞后于生产技术的发展，从逻辑上说，教材更新的速度无法超越现实技术飞速的发展，从设计、编订、审核直至投入使用，"利用各种信息媒体，如书籍、磁带、光盘、广播、电视、因特网等，独立阅读，独立思考，系统学习，自我提高，这是成人教育的重要模式之一"②。因而，在不断加快教材内容的更新速度以外，还要借力现代网络技术开展远程教学，通过宽带网络传输电子教材，实时反馈教材使用过程中存在的问题。

（三）教材内容的评价需要多样化评判标准和多元化改进意见

有学者指出："以内容而言，它可以控制人们的思想，使考生只读儒家经典，进而强化封建统治。而划定备考范围，规定内容注释必须以程朱理学的注解为标准。"③ 封建社会中，科举考试是教材评价的唯一方式。特别是在明代思想僵化，专制统治强化的时代背景下，成人教育教材的优劣高低仅能以科举考试为唯一诉求，造成了统治者要控制读书人的思想就只需要把持科举考试的命题方向和话语权即可。"学校的教育功能丧失，教育制度走向僵化；教育内容的生疏无用，教学方法的僵化、教条，造就了一批思想僵化的官僚，培养出

---

① 夏家夫，焦峰. 成人教育管理概论［M］. 开封：河南大学出版社，1999：259.

② 查有梁. 教育建模［M］. 南宁：广西教育出版社，1998：58—59.

③ 刘海峰. 中国考试发展史［M］. 武汉：华中师范大学出版社，2002：149.

的是记诵经典章句、善于文辞而缺乏实学的人才。"① 政治体制的腐朽造就了统治思想的守旧，进而使服务于巩固封建王朝统治的科举考试制度和官学教育体制一成不变、墨守成规。明代成人教育教材的思维形式、评价标准以及需要遵循的编制原则等都难以适应现实教育教学的学习，难以促进读书人全面、科学、和谐的发展。国内学者针对学界主流的大学教材评价的诸家观点，总结归纳出四大评价方法。范印哲等学者指出："大致可分为以下几种主要评价方法：1. 由一个专门小组或委员会进行评价，专门小组或委员会对已出版的教材或待出版的讲义进行审查，讨论它的优缺点。2. 用简单的征求意见表，调查使用者或有关人员（国外也称潜在使用者）的意见，或找一些人来举行简单易行的群众性讨论会、座谈会等形式。3. 专家的系统评价（国外也称内部评价），是由本学科领域的教授、专家对教材进行长期、系统而统一的研究，写出全面的分析报告。4. 使用（或现场）检验，把教材的一部分或全部在一个或更多的班级和学校试用，以评价它的影响和效果。"② 不可否认，考试是评价教材的实质内容的重要手段和依据，但考试绝不是评价教材内容的唯一依据。因而应建立科学合理的评价指标，在多个评价指标之上构建教材评价体系合乎教材编制的基本规律。上述四种评价方式仅从教材编制者和相关学者、教材使用者方面着眼，存在一定局限。就目前来看，成人教育所面对的教育对象年龄高低不等，学历水平参差不齐，工作经验多寡不一，对成人教育教材的内容把握不尽一致，需要将评价指标的权重向成人学习者倾斜，同时还要兼顾成人教育阵线上的一线教师的实践经验。因为教材的内容变革率先从内容评价开始，深入了解成人学习者的多样化学习需求，以及一线教师在教育教学中所面临的各种窘境和棘手问题，才能促进当代教育教材承前启后，开拓创新。

---

① 牛翠萍，胡凡. 论明代科举制度对学校教育的导向作用 [J]. 湖北招生考试，2007 (12)：47.
② 范印哲. 大学教学与教材概论 [M]. 北京：高等教育出版社，1990：520－521.

第九章 清 代

1644年，李自成率领的农民军攻破京城城门，崇祯皇帝煤山自缢。随后吴三桂引清军入关，帮助女真贵族政治势力窃取了明末农民运动的胜利果实。自此，发源于我国东北地区的建州女真部族逐渐建立起全国统一政权，国号清。清代作为我国最后的封建王朝，自入关以来，历经康乾盛世、同光中兴及至宣统逊位，国祚276年。

一、清代成人教育教材发展历程

（一）教材及教辅版本不断推陈出新

清代最高统治者来自东北女真族，但被儒家文化的强大内化力逐渐汉化。儒家经典作为传承中华文化的载体在实现中华民族的大一统过程中起到了举足轻重的作用，可从清代历朝皇帝对以儒家经典教材为主的教材和教辅的管理上管中窥豹：首先，顺治年间，"四书主朱子集注，易以程傅、朱子本义，书主蔡傅，诗主朱子集传，春秋主胡安国传，礼记主陈澔集说。其后春秋不用胡傅，以左传本事为文，参用公羊、穀梁"①。康熙十四年（1675年），李来章在执掌南阳书院时，作《南阳学规》《达无录》，教给学生，学生因此进步很大。康熙二十二年（1683年），王士祯上疏言："又以刊刻经书讲义，颁赐诸臣。典学之勤，二帝三王，蔑以尚矣。查明代南、北两雍，皆有《十三经注疏》、《二十一史》刻版。今南监版存否完缺，久不可知。惟国学所藏原版，庋置御书楼……自本朝定鼎，迄今四十余载，漫漶残缺，殆不可读。所宜及时修补，庶几事省功倍②。""康熙五十二年（1713），《朱子全书》告成，即颁发直省，刊板通行，朱熹的《四书集注》成为封建科举考试乃至书院、学校的教条"③。其次，雍正朝作为康乾盛世的衔接阶段，在文教政策上也起到了承上启下的作用。雍正八年（1730年），"颁发御制《性理精义》、《诗》、《书》、《春秋》三

---

① 赵尔巽. 清史稿（卷一百八）[M]. 北京：中华书局，1976：3148.
② 文庆. 钦定国子监志（卷六十七）[M]. 北京：北京古籍出版社，1998：1170.
③ 熊承涤. 中国古代教育史料系年 [M]. 北京：人民教育出版社，1985：742.

经传说汇纂，每书二部于直省。令各布政司重刊流布"①。最后，乾隆对于教材的规范管理更加重视，这也和社会经济的发展以及人才培养的要求密切相关。乾隆三十六年（1771 年），"赵瑛条奏颁发各省钦定经史诗文各书及十三经注疏、文献通考、史记，前后汉书各部，俾闱中主考房官各官临场用资翻阅，以正向来坊本沿讹之弊。从之"②。被后人谓之"先生治经，有不可磨之论"的"公自以家居无补于国，而以刊定之书惠学者，亦足以裨益右文之治。出所定《经典释文》、《孟子音义》、《逸周书》、《贾谊新书》、《春秋繁露》、《方言》、《白虎通》、《荀卿子》、《吕氏春秋》、《韩诗外传》、《独断》诸善本，镂板行世。又苦镂板难多，则合经史子集三十八种，如《经典释文》例，摘字而注之，名曰《群书拾补》以行世。所自为书，有《文集》三十四卷、《仪礼注疏详校》十六卷、《钟山札记》四卷、《龙城札记》三卷、《广雅注》二卷，皆能使学者是正积非，蓄疑涣释"③。乾隆五十七年（1792 年），"礼部尚书纪昀等奏：'向来考试《春秋》用胡安国《传》，胡《传》中有经无传者多，可以出题之处甚少。胡安国当宋南渡时不附和议，借经立说，原与本义无当。科场试题不应仍复遵用'。请嗣后《春秋》题以《左传》本事为文，参用《公羊》、《穀梁》，自下科乡试始一体遵行"④。乾隆六十年（1795 年），"谕：国家以四书五经取士，士子诵读者多系坊本，舛讹衍缺，不一而足，因编《考文提要》一书，镂板颁行。庶士子咸知折衷正义，不为俗学所惑"⑤。

（二）考试内容方面：《孝经》的选用历经增减

顺治年间，考试内容基本为《论语》《孟子》《大学》等。顺治二年（1645 年），"春二月举行会试，与乡试同三场。试题：四书第一题用论语，第二题用中庸，第三题用孟子；如第一题用大学，则第二题用论语，第三题用孟子。策题以关切事理，明白正大，不许搜寻僻事，掩匿端倪"⑥。康熙在位前期，增设《孝经》作为考试内容。然而后期又因考题难度和区分度难以符合选材要求而被《性理》替代。"广颁《孝经衍义》于学宫。命考官二场以《孝经》命题。至康熙二十九年议准乡会试二场，《孝经》论题甚少。嗣后考试，将《性理》、《太极图说》、《通书》、《西铭》、《正蒙》一并命题。五十五年论题去

① 刘锦藻. 清朝文献通考（卷七〇）[M]. 杭州：浙江古籍出版社，1988：考 5502 中.
② 刘锦藻. 清朝文献通考（卷五十一）[M]. 杭州：浙江古籍出版社，1988：考 5336 下.
③ 李元度. 国朝先正事略 [M]. 长沙：岳麓书社，2008：1065.
④ 刘锦藻. 清朝续文献通考（卷八四）[M]. 杭州：浙江古籍出版社，1988：8423.
⑤ 刘锦藻. 清朝续文献通考（卷八四）[M]. 杭州：浙江古籍出版社，1988：8423.
⑥ 刘锦藻. 清朝文献通考（卷七〇）[M]. 杭州：浙江古籍出版社，1988：考 5502 中.

《孝经》，专用《性理》。"① 到了雍正年间，一度被替换掉的《孝经》，又被提上了与五经一样的高度。雍正元年（1723 年），"谕旨孝经一书与五经并重。乡会试二场，向以孝经为论题，后改用太极图说、通书、西铭、正蒙。今自元年会试为始，二场论题宜仍用孝经"②。

（三）文化专制方面：文字狱的数量更多且规模更大

熊承涤认为清代统治者大兴文字狱主要是为了巩固封建专制统治。康熙二年（1663 年），"归安知县吴之荣告发庄廷钺刊刻崇祯朝历史，对满人有攻击之辞。时庄已死，被刨棺焚尸，株连死者共七十余人"③。雍正五年（1727年），"戮礼部侍郎查嗣庭尸。嗣庭典试江西时，题为《维民所止》，有讦者谓'维止'二字，乃取雍正斩首之意。继又搜出日记，于圣祖用人行政，大肆讥评。帝大怒，下嗣庭及子上克于狱。至是皆死狱中。命剉尸枭示"④。雍正十一年（1733 年），"诏在京三品以上，及外省督抚，会同学政，荐举博学鸿词，自康熙朝将励文学以来，国中之言论思想，渐收统一之效。帝欲循故事以搜罗人才，乃诏下两年余，仅河东督臣举一人，直隶督臣举二人，他省未有应者。盖近十余年来，屡兴文字之狱，举世学者，莫不兢兢，舍八股试帖外，一切学术，鲜有研究之者。又户部侍郎李绂，前在康熙十七年，以多保弘博铜官，后无复敢为举主。故终帝之世，迄未能举行"⑤。大兴文字狱的背后，是封建统治走向衰落的潜在征兆。因言获罪导致自由的思想难以碰撞，也就无法催生更先进的生产力。愚民政策的实施进一步加快了闭关锁国的速度，也为中华民族日后百余年的深重苦难埋下了伏笔。

二、清代成人教育教材发展特点

（一）教材的内容已难以满足时代发展需要

清代统治者在制定文教政策和设计人才选拔制度方面，一直强调格物致知，明体达用，摒弃华丽文风，解决实际问题。顺治十二年（1655 年），"谕礼部：'惟帝王敷治，文教是先；臣子致君，经术为本。自明季扰乱，日寻干戈，学问之道，缺焉未讲。今天下渐定，朕将兴文教，崇经术，以开太平。尔

① 刘锦藻. 清朝文献通考（卷七〇）[M]. 杭州：浙江古籍出版社，1988：考 5306 上中.
② 刘锦藻. 清朝文献通考（卷四十九）[M]. 杭州：浙江古籍出版社，1988：考 5313 下.
③ 熊承涤. 中国古代教育史料系年 [M]. 北京：人民教育出版社，1985：759.
④ 熊承涤. 中国古代教育史料系年 [M]. 北京：人民教育出版社，1985：798.
⑤ 熊承涤. 中国古代教育史料系年 [M]. 北京：人民教育出版社，1985：802-803.

部即传谕直省学臣，训督士子，凡经学、道德、经济、典故诸书，务须研求淹贯，博古通今，明体则为真儒，达用则为良史。果有此等实学，朕当不次简拔，重加任用'"①。雍正十年（1732 年），"谕礼部制科以四书文取士，所以觇士子实学，且和其声以鸣国家之盛也。近科以来，文风亦觉丕变，但士子逞其才气辞华，不免有冗长浮靡之习。是以特颁谕旨，晓喻考官，所拔之文，务令雅正清真，理法兼备。虽尺幅不拘一律，而支蔓浮夸之言，所当屏去。秋闱相近可行文传谕知之"②。乾隆元年（1736 年），诏曰："国家以经义取士，将以觇士子学力之浅深，器识之浮薄，风会所趋，有关气运。人心士习之端倪，呈露者甚微，而征应者甚巨。当明示以準的，使士子晓然知所别择。"③ "于是学士方苞奉敕选录明、清诸大家时文回十一卷，日钦定四书文，颁为程式。行之既久，攻制义者或剿窃浮词，罔知根柢。杨述曾至请废制义以救其弊。"④ 乾隆三年（1738 年），"兵部侍郎舒赫德言：'科举之制，凭文而取按格而官，已非良法。况积弊日深，侥倖日众，古人询事者言，其所言者即其居官所当为之职事也。时文徒空言，不适于用，墨卷房行，辗转抄袭，肤词诡说，蔓衍支离，苟可以取科第而止。士子各占一经，每经拟题多者百余，少者数十，古人毕生治之而不足，今则数月为之而有余。表判可预拟而得；答策随题敷衍，无所发明，实不足以得人。应将考试条款，改弦更张，别思所以遴拔真才实学之道'"⑤。如没有反对意见，科举制恐将因为创新性和实用性逐渐消解而提前退出历史舞台。乾隆三年（1738 年），"时大学士鄂尔泰当国，力持议驳，科举制义，得以不废"⑥。学术界意见大多倾向于考生的答题内容空洞无物，徒有辞藻。"今谓时文经义及表判策论，皆空言剿袭而无用者，此正不责实之过。凡宣之于口，笔之于书，皆空言也，何独今之时艺为然。时艺所论，皆孔孟之绪言，精微之奥旨，参之经史子集以发其光华，范之规矩准绳以密其法律，虽曰小拔，而文武幹济，英伟特达之才，未尝不出乎其中。不思力挽末流之失，而转咎作法之凉，不已过乎！即经义表判论策，苟求其实。亦岂易副。经文虽与四书并重，积习相沿，士子不专心学习。"⑦ "何况人心不古，上以实求，下以名应，兴孝则有割股庐墓以邀名者矣，兴廉则有恶衣菲食、敝车羸马以饰节

① 刘锦藻. 清朝文献通考（卷六十九）［M］. 杭州：浙江古籍出版社，1988：考 5488 上.
② 刘锦藻. 清朝文献通考（卷七〇）［M］. 杭州：浙江古籍出版社，1988：考 5503 中.
③ 赵尔巽. 清史稿（卷一百八）［M］. 北京：中华书局，1976：3153.
④ 赵尔巽. 清史稿（卷一百八）［M］. 北京：中华书局，1976：3153.
⑤ 熊承涤. 中国古代教育史料系年［M］. 北京：人民教育出版社，1985：812－813.
⑥ 赵尔巽. 清史稿（卷一百八）［M］. 北京：中华书局，1976：3151.
⑦ 熊承涤. 中国古代教育史料系年［M］. 北京：人民教育出版社，1985：813.

者矣。相率为伪，借虚名以干进取；及莅官后，尽反所为，至庸人之不若，此尤近日所举孝廉方正中所可指数，又何益乎！司文衡、职课士者，诚能仰体谕旨，循名责实，力除积习，杜绝侥倖，文风日盛，真才自出，无事更张定制为也。"① 乾隆十年（1745 年），"谕旨国家设制科取士，首重者在四书文。盖以六经精微尽于四子书。设非读书穷理而欲握管挥毫，发先圣之义蕴不大相径庭耶？我皇考有清真雅正之训，朕题贡院诗云：言孔孟言大事难，乃古今之通论，非一人之臆说也。近今士子以科名难于倖获，或故为艰深语，或矜为俳俪词，争长角胜。……不知文风日下，文品日卑，有关国家抡才大典，非细故也"② 。到了同治和道光年间，"国学及官学早就科举之才，亦颇称盛。然囿于帖括，旧制鲜变通"③ 。正因为教材内容的创新速度已经远远落后于时代的发展，连带着考试内容也演变为以华丽文风见长，但对现实社会治理用处不大的知识载体。

（二）教材的讲授受到统治者的高度关注到最终被时代淹没

清代前期，教材内容的编纂、刊刻、印刷、发行甚至传播都受到了统治者的高度关注。首先，作为最高统治者的康熙亲临高等院校传播经学要义。康熙八年（1669 年），康熙亲临太学，释奠先师孔子，讲《周易》《尚书》，还对国子监三令五申提出高标准的办学要求，督促学生不断精进课程。"颁勃谕刊挂彝伦堂。谕国子监祭酒、司业等官……当严督诸生潜心肄业；肄业诸生亦宜身体力行，朝夕勤励。若学业成立，可裨任用，则教育有功。其或董率不严，荒乃职业，尔等系师生难辞厥咎。"④ 康熙二十一年（1682 年），谕国子监："国子监乃国家养育人材之所，近闻司教之官，不将监生严加约束教诲，纵之游戏。又其甚者，间杂之徒任行出入，尔等传祭酒司业等官严行申饬。"⑤ 其次，地方官员亦有开办书院、亲自讲学的传统。康熙二十三年（1684 年），"汤斌任江宁巡抚，令诸州县立社学，讲孝经、小学；教化大行，民皆悦服"⑥ 。乾隆亦有多次到辟雍进行讲学的经历："高宗驾临辟雍行讲学礼。"⑦ 康熙三十年（1691 年），"陈汝咸会试第一，成进士，授福建漳浦知县，设义学，延诸生有

① 熊承涤. 中国古代教育史料系年 [M]. 北京：人民教育出版社，1985：813.
② 刘锦藻. 清朝文献通考（卷五十）[M]. 杭州：浙江古籍出版社，1988：考 5327 上.
③ 赵尔巽. 清史稿（卷一百六）[M]. 北京：中华书局，1976：3111.
④ 刘锦藻. 清朝文献通考（卷六十五）[M]. 杭州：浙江古籍出版社，1988：考 5457 下.
⑤ 刘锦藻. 清朝文献通考（卷六十五）[M]. 杭州：浙江古籍出版社，1988：考 5458 下.
⑥ 赵尔巽. 清史稿（卷二百六十五）[M]. 北京：中华书局，1976：9932.
⑦ 赵尔巽. 清史稿（卷一百六）[M]. 北京：中华书局，1976：3104.

学行者为之师。修朱子祠，教养兼施，风俗为之一变"①。尽管前期仍然沿袭了封建社会统治者重视儒家经典教材建设的传统，但最终因为教材文本内容自身的局限性，导致伴随着科举制度被废除、清宣统帝逊位这一传统被历史洪流淹没。

（三）教材的传播不断向少数民族聚居区和欠发达地区扩散

清代的学者型官员赴云南少数民族地区，兴义学，刻经书，育人才。"陈宏谋擢云南布政使，立义学七百余所，令苗民得就学，教之书，刻《孝经》。《小学》及所辑《纲鉴》。《大学衍义》，分布各属。其后边人及苗民多能读书取科第，宏谋之教也。"②两广瑶族地区亦兴建学校，传播教材内容。"重葺紫云书院，读书其中，学者多自远而至。……广东连山县，深入傜穴，为之置约延师，以至诚相感。创连山书院，著学规，日进县人申进之，而傜民秀者亦知向学，诵读声彻岩谷，学使者交奖。"③琉球国自康熙开始，不断派遣王公贵族来华访学。康熙二十七年（1688年），"琉球国王始遣陪臣子弟梁成楫等随贡使至入贡肄业"④。直至同治年间，仍有琉球国来使交流。"至同治期，琉球官生犹有至者。"⑤还有如俄罗斯等国亦遣派学者来华。雍正六年（1728年），"鄂罗斯遣官生鲁喀等留学中国，以满、汉助教之"⑥。教材在日本的流通开始较早。早在顺治十六年（1659年），朱之瑜精研六经，特别精通《毛诗》，率儒学生学习释奠礼，并使人文质彬彬，在日本进行广泛传播。

（四）在学生减负方面取得了一定的成效

一方面，科举制在选用考试内容时分批考核，保证了学子能够集中精力在某一门或几门功课上，既能让绩优的学子进一步精进，也能减轻学困生的学习负担。比如，乾隆五十五年（1790年），谕："明岁戊申乡试着先以诗赋出题，次年会试着用《书经》；俟下次乡试，再用《易经》。以后按照乡会科分轮用《礼记》、《春秋》。庶士子得以渐次兼通，讲求精熟，不致临时草率应试。"⑦嘉庆元年（1796年），谕："复勘试卷大臣进呈广东、四川等省乡试各卷，所出四书五经多涉颂圣，诗题亦系习见语，殊属非是。试官抡简人才，出题考

①　赵尔巽. 清史稿（卷四百七十六）[M]. 北京：中华书局，1976：12975.
②　赵尔巽. 清史稿（卷三百七）[M]. 北京：中华书局，1976：10560.
③　赵尔巽. 清史稿（卷四百八十）[M]. 北京：中华书局，1976：13136.
④　赵尔巽. 清史稿（卷一百六）[M]. 北京：中华书局，1976：3108.
⑤　赵尔巽. 清史稿（卷一百六）[M]. 北京：中华书局，1976：3108.
⑥　赵尔巽. 清史稿（卷一百六）[M]. 北京：中华书局，1976：3108.
⑦　熊承涤. 中国古代教育史料系年[M]. 北京：人民教育出版社，1985：839.

试，固不可竟尚新奇，然亦须择其题句，足以发挥义理，敷陈经术者，方可征实学而获真才。嗣后乡试出题，务将四书五经内义旨精深及诗题典重者课士衡文。"①

另一方面，采用积分等级制习得教材内容，固定时间节点进行考核检验。确保学生在学习过程中不纠结于某一个重难知识点，减轻学业负担。顺治三年（1646年），"祭酒薛所蕴奏定汉监生积分法，常课外月试经义、策论各一，合式者拔置一等。岁考一等十二次为及格，免拨历，送廷试超选"②。顺治十五年（1658年），"祭酒固尔嘉浑议令监生考到日，拔其尤者许积分，不与者期满咨部历事。积分法一年为限，常课外月试一等与一分，二等半分，二等以下无分。有五经兼通，全史精熟，或善摹锺王诸帖，虽文不及格，亦与一分。积满八分为及格，岁不逾十余人"③。顺治十七年（1660年），"祭酒固尔嘉浑奏停国子监积分法，后遂不复行"④。"命仿宋儒胡瑗经义斋、治事斋法，严课诸生。凡祭酒季考，司业月考，出四书题一道，五经讲义各一道，策问各一条。助教等官每月按堂考课亦如之。"⑤

三、清代成人教育教材发展历程和特点对当今的启示

（一）从知识本位迈向能力本位，从理论本位走向生活本位

肇始于春秋战国时期的儒家经典教材从遥远的两千年时光传续而来，其中的修身、齐家、治国、平天下的理念无疑对封建社会的国家治理、阶层统治、社会发展起到决定性作用。但随着时代的发展，特别是在明末清初资本主义的萌芽时期，清代统治者还沉浸在天朝上国的幻境美梦之中。小农经济的社会治理意识是其故步自封、闭关锁国的根本原因。由此，该阶段成人教材作为政治、经济、文化的思想载体存在学风浮夸缺少批判意识、辞藻华丽、欠缺实用价值的问题就不难理解了。目前，成人教育作为高等教育的重要方式，高等性、职业性、成人性是成人教育的根本属性，在内容编排和框架设计时，需要充分考虑成人学习者的职业背景和自身知识储备。有学者认为"知识、活动、经验的整合成为教科书内容选择的基本取向。各学科教科书内容的灵活性和选择性不断增强，力求精选贴近当代学生生活、社会现实和对学生终身发展有用

① 刘锦藻. 清朝续文献通考（卷八五）[M]. 杭州：浙江古籍出版社，1988：8433.
② 赵尔巽. 清史稿（卷一百八）[M]. 北京：中华书局，1976：3101.
③ 赵尔巽. 清史稿（卷一百六）[M]. 北京：中华书局，1976：3101.
④ 赵尔巽. 清史稿（卷一百六）[M]. 北京：中华书局，1976：3102.
⑤ 刘锦藻. 清朝文献通考（卷六十七）[M]. 杭州：浙江古籍出版社，1988：考5469下.

的知识。教科书内容既体现课程标准的相关要求，又符合学生认知发展规律；既重视积极选择与学习者生活经验有关的内容，又重视选择与学生学习任务相关的、突出思考与探究等能力的内容"①。成人教育教材亦然，需要积极选择与成人学习者工作生活经验密切相关的内容，且采用情境式和问题导向式教学才能真正引起学生深度认知。

（二）把握时代精神，持续推进教材改革

有学者将时代精神内涵分为广义上和狭义上的，"广义的时代精神是指抽象的、超越具体时代的适用于不同时代的一般意义上的概念。狭义的时代精神则是处于一定历史阶段或时期内的、某个具体时代的特定精神"②。时代精神的特征主要包含人民性、时代性、实践性等特征。可以说，不具有时代精神的教材是没有生命力的。尽管在长达两千多年的封建社会中，儒家经典教材在士人研习和科举考试中占据绝对的统治地位，但随着时代的转换，其不可避免地会走下神坛。因而在对过往儒家经典教材发展过程的反思中，我们发现，只有顺时代潮流变化而不断创新的教材才保持了旺盛的生命力。郗戈指出："只有基于资本的历史时间视野，才能够从直线向前的'进步'、循环往复的'回溯'与断裂弹跳的'超越'及三者间总体关系的角度来深刻把握现代性的时代精神。对马克思历史时间观的深度发掘与时代激活，能够为我们更为历史地把握时代精神概念、更为深刻地探究时代问题提供极为关键的思想基础。"③

（三）铸牢中华民族共同体意识，促进成人教育的国际理解

首先，铸牢中华民族共同体意识的教材体系亟须创新发展。习近平总书记曾指出实现中华民族伟大复兴的中国梦，就要以铸牢中华民族共同体意识为主线，把民族团结进步事业作为基础性事业抓紧抓好。有学者认为民族教育应该是文化创生教育，"理想的民族教育，应是一种文化创生的教育。其重要的前提是秉持平等的文化观，以对等的姿态来促成少数民族文化和国家文化的对话；其关键的举措是在少数民族文化与国家主体文化的交锋中实现文化的融合与重构；其理想的结果是实现国家文化的发展，以新文化的创生作为衡量民族教育实效的重要指标"④。从民族教育的本质来讲，是促进人的全面发展的教

---

① 朱华，夏永庚. 从"知识本位"到"素养本位"——新中国中小学教科书编写的改革与发展研究 [J]. 全球教育展望，2021，50（05）：63.

② 洪晓畅，金昕. 论时代精神培育的新起点新内涵新实践 [J]. 学校党建与思想教育，2021（01）：46.

③ 郗戈. 马克思的历史时间观与时代精神的历史定位 [J]. 中国社会科学评价，2021（01）：79.

④ 袁梅，苏德，江涛. 新时代民族教育的应然价值观照 [J]. 教育研究，2019，40（10）：104.

育。既要培育其独特的个性，也要全面培养具有高度国家认同的爱国者。因而成人教育教材在民族地区的传播和使用，更被赋予了新的时代使命，也更增长了教材的本土化、民族化和公民化的变革动力。其次，促进国际理解的传统文化教材体系有待大力创新。陶华坤等学者将国际理解教育概括为："旨在培养具有多元文化之间相互尊重、相互吸纳的精神与能力的'地球村民'，促进世界的持续和谐发展。国际理解教育是一种贯穿于所有课程的教育理念，被视为一种新的学习领域，是一种培养全球公民意识的终身教育。国际理解教育是高于知识与技能的教育，具有思想引领作用，是上位的、高层次的学习。"[①] 随着全球化和反全球化的进程交替进行，合作与竞争——两种国家和个体交往模式的冲突重叠，国际理解教育的理念恰逢其时地出现了。只有建立在互信基础上的合作，才能规避零和博弈。而成人教育教材在此时就成了国际交流合作的桥梁之一。只有将本国的优秀文化进行柔性输出，才能树立良好的国家形象，才能真正增进互信和理解。而儒家经典教材责无旁贷，承担起了传播中华传统文化的重任。因而如何对古人的思想和精神进行翻译和传播，讲好中国故事，成为时代的新话题。

（四）优化教材编排，促进碎片化学习

基础教育领域开展的减轻学生负担的相关行动已经全面铺开，而面向成年人的、非正式学习、工作场所学习的减负行动却始终缺乏适宜的土壤。原因在于基础教育领域的教材政策可以通过制度设计、行政命令等方式有效推进，而成人教育因自身的特殊性，导致其难以按照制度和政策的规划来优化自身的发展。但正因为成人学习的灵活性、碎片性和主动性，所以教材的编排具有更多的创新可能。随着移动通信设备，甚至是可穿戴通信设备的逐渐普及，数字化教材也不断在促进成年人进行碎片化学习。数字化教材的发展促进了碎片化学习，而碎片化学习也呼唤着数字化教材深度普及。具体的对策方面，关海君认为："从教材发展的标准化、前沿化以及审美化等角度综合来看，相关教师管理人员应该立足于多媒体资源和教材内容的综合发展，深入挖掘教材资源的学科价值与社会实践价值，力争在满足学科标准化发展的前提下，关注核心知识点传授的有效性与多领域性，以期实现趣味性、思想性与知识性的协调统一。"[②] "作为设计者需要充分地考虑各种媒体所表达相应的内容能产生最佳效

---

① 陶华坤. 多元·共存：论国际理解教育 [M]. 长春：吉林出版集团股份有限公司. 2016：1.
② 关海君. 知识性与趣味性：开发数字化教材的重要视角 [J]. 教育理论与实践，2018，38（23）：45.

果，要充分理解教学内容的内涵，才能调动多种媒体更加生动的进行表达，达到辅助教学的作用。"①

① 蔡雪峰，赵湘慧. 数字化教材研究与应用 [J]. 中国大学教学，2009 (01)：96.

◎下　篇◎
成人教育教材的现代发展与未来展望

第十章 新中国成立以来成人教育教材建设概览

经历了混乱的战争时代，中国百废待兴，因战火而停的教育亟待恢复。开创新时代的领导人充分认识到了教育与建设新中国之间的重要联系，因此颁布了一系列教育政策，以推动全民教育水平的发展。这期间，成人教育从如履薄冰的探索，到大刀阔斧的改革，到高质量发展，这一过程同样也深刻影响着成人教育教材的建设。

一、新中国成人教育教材发展历程

成人教育在新中国成立之后的发展，可以看成一次从无到有的成长。在此之前，全国的政治经济文化饱受战争之苦，受到重创。民不聊生的社会状况，更让大多数人失去了受教育机会。没有文化、目不识丁正是新中国成立之初不少国民的状态。于是新中国的成人教育教材便由此开始出现，例如"扫盲"识字教育等。后来，随着社会经济的复苏、人民文化素养的不断提升以及国际交流的拓展，成人教育教材越来越多样化，并与职业发展、学历教育、专业技术提升等结合，形成了种类丰富、门类多样的发展态势。时至今日，诸如终身学习等国际教育新思想也为我们新时代的成人教育教材建设注入了新的元素。

（一）建立在恢复和重建基础上的探索

新中国成立之初，虽然我们取得了解放战争的胜利，但文化教育经历了民国时期的短暂繁荣后，几乎处于停滞的状态。社会各个方面都亟待恢复和重建，教育更是重中之重。正因为经历过一段至暗时期，文化对于广大工农出身的国民来说，显得十分陌生。要想让新中国从此站起来，必须要"全民扶智"，所以，新中国成立初期的成人教育教材建设就是围绕着"启民智"展开的探索。

1. 大力推广"扫盲"教材

虽然"文盲"二字在如今看来，似乎已经是一个非常陌生的词语，但不可否认，在 20 世纪五六十年代，这两个字街知巷闻。姑且不谈文化素养，就是识字，对于当时的国人而言，尤其是成年人，都存在很大难度。所以，在党和政府的推动下，20 世纪 50 年代以来，文化教育工作在很长一段时期里的重点就是开展工农扫盲识字教育。

新中国成立初国民整体素质极为低下，即使在党员干部队伍中也存在大量文盲。1950 年 3 月，中共中央宣传部部长陆定一会见苏联驻华代办时指出，当时我国"华北有 150 万党员，其中 130 万是文盲或半文盲。在区委以上的领导人中，近 50% 没有文化或文化不高"①。解放军指战员也有不少是文盲，直至 1952 年"128 万排以上军官中，还有 27.21% 是文盲"②。而农村文盲人数更多，新中国成立时，农村文盲率为 95%；"同时由于绝大部分农民不识字，他们不读书不看报，看不懂科普知识，各种迷信思想蔓延，严重阻碍着社会发展"③。农村扫盲教育成为当时农村社会主义文化建设的重要组成部分，中国共产党和中央人民政府也将扫盲视为关乎国家命运的重要工作。

教育部在 1949 年 12 月发出的《关于开展 1949 年冬学工作的指示》中强调"冬学文化教育的内容应以识字为主"，并在此基础上逐步扩展到以识字学文化为主，配合时事、政策教育和生产、卫生教育。1950 年 9 月 20 日，第一次全国工农教育工作会议指出：识字教育是工农教育的起点，要使他们逐步学成有文化、有教养的人。工农有了文化才能彻底翻身和提高自己的社会性和组织性，更有效地从事生产建设，参加政治生活，管理国家事业。1950 年 11 月，教育部部长马叙伦在《关于第一次全国工农教育会议的报告》中具体阐释了加强工农教育的重大政治意义：它是巩固与发展人民民主专政，建立强大的国防军和强大的经济力量的必要条件；没有工农教育的普及和提高，也就没有文化建设的高潮。"当前一个时期，对工农干部、积极分子及已经完成了土地改革的农村农民和生产已经正常并进行过政治启蒙教育的工人应以文化教育（首先是识字）为主要内容，并适当地结合政治教育、生产技术教育和卫生教育。"④ 在这些国家政策的促进下，以干部、职工、农民为主要对象，以识字为重点的扫盲运动在全国范围内推广开来。1951 年解放军某部战士祁建华创造的"速成识字法"在全国推广，起到了很好的推动作用，相关的识字课本也应运而生。

① 高培华. 祁建华与"速成识字法"[J]. 教育史研究，2002（04）：335—336.
② 夏杏珍. 五十年国事纪要（文化卷）[M]. 长沙：湖南人民出版社，1999.
③ 方成智. 建国初期识字课本分析 [J]. 湖南师范大学教育科学学报，2008（05）：41.
④ 何东昌. 中华人民共和国重要教育文献（1949—1975 年）[M]. 海口：海南出版社，1998：67.

从类型上看，新中国成立初期的识字课本主要有《干部识字课本》《职工识字课本》《农民识字课本》等。从层次上看，有如人民教育出版社等国家级出版社编写的普适性全国通用识字课本，也有各省、市、县、乡等政府单位组织编写的课本。虽然课本命名不同，但都总称识字课本。例如工人出版社1953 年出版的《识字课本》、山西人民出版社 1952 年出版的《农民识字课本》、常州市教育局编撰的《农民识字课本》、王怪草生产大队文化室编的《基层干部识字课本》等。

不过当时的扫盲教材也并不仅限于识字。例如主要依据中央人民政府对农民的学习要求和农民的实际需要而开发的农民文化课本，主要涉及农业知识、工农联盟、典型宣传、爱国主义、破除旧的封建习俗等，内容庞杂，多成套编写。又如为了提高广大人民群众的政治觉悟，理解和响应党的号召，在教育部的要求下各地根据党和国家的方针政策，结合实际需要自行编撰的扫盲政治教材，这类教材多被命名为"ＸＸ政治课本"，有比较典型的政治特征，内容主要包括当时党和国家的方针政策、与人们生产生活息息相关的法律法规等。还有一些与生产生活、卫生常识、自然常识等有关的常识类教材，如春秋书社1952 年出版的《农民实用书信》、湖南人民出版社 1956 年出版的《农民自然常识课本》等。这些也都是当时成人教育的主流教材。扫盲教材的建设让我国的扫盲工作迅速展开，同时也加快了国民素质的整体提升，新中国成立后的成人教育在此基础上得到发展。纵观这些扫盲教材，也有其鲜明的时代特色。

首先，教材内容的选择通俗多样、浅显易懂。无论是城市还是农村，新中国成立之初的成人扫盲教材都会选择一些通俗易懂、比较简洁的内容。在充分尊重学习者的学识背景的基础上，用普罗大众喜闻乐见的故事以及符合当时成人语言习惯的文体进行编制。因此家喻户晓的英雄故事、历史传记、民间事迹、脍炙人口的顺口溜、谚语、革命歌曲、地方民歌等都是教材中的常见内容。

其次，教材编撰目的从单一的识字功能走向更加多元的角度。由于教材面对的对象是成年人，其内容的选择和编撰与儿童接受基础教育的课本有所不同，但又有一些联系，例如识字教材中，对识字速度和个数的要求以及借助当时的注音符号来识记文字的方法，都与基础教育的教材有所区别。与此同时，因为地域、城乡的差异，各地干部、工人、农民的文化水平不同，所以扫盲标准也有所不同。但随着扫盲工作的推进，大量的识字教材逐渐具有越来越多的功能，大量与生产生活、现代社会发展有关的技能型教材走进被扫盲群体的生活，尤其是农村，生产技术、基础性科教文卫常识的指导类教材越来越多。

总的来说，扫盲类的成人教育教材形成于新中国成立之初，带着太多过渡时期的特征，使中国的成人教育摆脱了一种停滞的状态。以识字为突破口，与时代和不同人群生产生活实际的紧密联系，都让这一时期的成人教育教材充分发挥了其应有的扫盲作用，也为后来成人教育的繁荣发展打好了基础。

2. 巩固政治建设的干部教育教材

新中国成立后，中国共产党担负起了建设国家、带领中国人民走上幸福生活的重任，而各级党员干部则在这一过程中起着关键的作用。战争时期，党员干部发挥了不怕牺牲、奋勇向前的精神。在和平年代，社会、政治、经济、文化等各个方面的建设却又是一个新的领域，对党员干部提出了新的要求。但正如历史展示给我们的真实面貌那样，干部队伍中存在不少需要扫盲的人。为了巩固新政权，党员队伍不断壮大，干部队伍迅猛扩张，随之而来的是部分干部在思想政治方面和科教文卫知识方面严重认知不足，学习缺乏系统性、规范性。1950 年 10 月，党中央发布了《中共中央关于在职干部学习问题的通知》，提出了加强干部教育的方针措施："（一）停止强迫学习两小时的办法，但参加学习者中有愿意继续此项办法者暂听之。（二）凡可能办理机关学校者，应筹办机关学校，学生自愿报名，分级编班，按时上课，学习文化、业务与政治，以代替现在的无确定进度、无程度差别、无固定教员的混乱状态。（三）能自习政治者以自习为主，但应有领导以免荒废。凡有可能条件的大机关应设学习指导员负责予自习者以个别指导；较小的机关可设宣传员，帮助解决学习中的疑难及组织时事报告等。学习指导员与宣传员均由党委任命，其工作由党委宣传部管理之。各级宣传部应定期召集学习指导和宣传员报告时局及政策问题，并解答群众中提出的疑难问题。（四）各种学习方法均应少开无领导的小组会，多开解答疑难的座谈会。"[①] 与这一通知有关的还有很多关于干部教育的政策，为当时中国共产党的干部教育指明了方向，规划了道路，使得该时期的干部教育集中在了马克思主义理论教育、政治思想教育、文化教育和专业教育上。因此在干部教育的教材建设上，相较而言会有更明显的政治倾向。

新中国成立初期党中央尤其强调要学习马列的基本理论，对干部队伍进行思想改造，不仅要学习社会发展史和政治经济学，还应当结合工作实际进一步学习中国革命的基本问题，学习党的各项政策，以及十二部马列重要著作，如《共产党宣言》《国家与革命》《论列宁主义的基础》《思想方法论》等。此外还

---

① 中央档案馆，中共中央文献研究室. 中共中央文件选集（1949 年 10 月—1965 年 5 月）：第 4 册［M］. 北京：人民出版社，2013：182.

要学习斯大林著作、《毛泽东选集》。新中国成立后，《毛泽东选集》的出版正适应了举国上下学习毛泽东思想的需要，在党中央的领导和地方各级党委的组织下，迅速掀起学习毛泽东思想的高潮。例如，中国西北局一级机关里绝大多数单位的在职干部，从 1952 年 7 月初和中旬开始了政治理论学习。据不完全统计，在不到两个月的时间里，西北区一级机关参加政治理论学习的干部共有 1 万余人，共选聘辅导员 208 人、理论教员 127 人。除高级组自学《毛泽东选集》（学习《实践论》和《矛盾论》）的进度各有不同外，绝大多数的中级组都已进入《中国共产党的三十年》第二单元（第二次国内革命战争时期）的学习阶段，多数初级组也已经学完《政治常识读本》第一章。而这一时期的文化教育主要是指对汉语文字的运用能力和算术等基本的文化知识。1953 年 11 月，中央作出的《关于统一调配干部，团结、改造原有技术人员及大量培养训练干部的决定》中指出，要培养大批工业建设干部、技术人员和专家，以适应经济建设任务的需要。受到多方面政治因素的影响，新中国成立后在干部教育的学习材料上，更为精挑细选，既要符合辩证唯物主义理论的需求，又要符合中国共产党干部队伍建设和发展的需要。各级各类党校的建立也为干部教育提供了教学环境。因此总的来说干部教育的教材建设具有以下两个特点：

第一，扫盲与政治教育并行。扫盲是新中国成立后各个教育领域开展教学活动的基础，干部教育也是如此。在此基础上才有了各级各类思想政治教育读本，教材内容涵盖思想理论知识、名人英雄事迹、文学文化常识等。但作为干部教育的学习教材，最鲜明的就是政策法规、领导人的讲话和文论以及与我国社会主义国情相适应的国外论著等，这些都是为了保证干部队伍在思想上的先进性和一致性。

第二，专业教材多样但不统一。作为干部教育在专业发展上的教材，其专业性和职业性的教材并不统一，但针对性较强，对不同的工作和职业也有不同的要求，而且尤其要求党员干部学习管理技术、经济建设以及多种领导方法。因此，在实际操作的时候，根据生产和工作的需要，会参考同类普通高等教育学科专业教材进行编撰。但与高校教材有所不同的是，其实用性和可操作性更强，更加接近干部队伍的日常工作。所以，除了职业和岗位有特别要求的教材以外，科学性、管理性是干部教育专业教材的普遍特征。

新中国成立初期为了培养党员干部，国家开办了不少干部训练学校、军政大学和革命大学，这些正规化党校的举办也相应提高了干部理论水平，干部教育的教材将理论和历史、科研与实际进行了很好的结合。

（二）引进著作拓展我国成人教育教材的发展

随着新中国各项发展的稳步前进，我国成人教育也从最初的大规模扫盲运动向专业化、学科化、精细化迈进。

1. 向苏联学习，打开教材编撰新局面

由于受到此前在战争期间积累的经验的影响，新中国早期的教育中倾向于向当时的苏联进行借鉴。1954年人民教育出版社明确编辑方针："第一，贯彻社会主义思想，采用系统的基本科学知识，注意吸收先进的科学成果。第二，用马克思列宁主义的立场、观点、方法来解释各种问题。第三，贯彻理论与实际结合的原则，教育与生产劳动相结合的原则，把科学原理、法则、定律与我国工农业建设、革命斗争结合起来。第四，符合教学原则，适合各科教学目的与学生年龄特征。第五，吸收苏联的先进经验。"[①] 苏联经验成为教科书编撰的重要参照，所以无论是扫盲教育还是干部教育的教材，无论是翻译著作还是文本摘选，大多来自苏联。

例如在干部教育方面，新中国成立初期就引进了不少关于苏联干部教育经验的著作。像1953年中华书局出版的叶布加耶夫著作《农村政治文教工作的经验》、1954年出版的希西涅夫著作《干部的政治自修》，就是讲述莫斯科苏维埃区党组织在领导自修马克思列宁主义理论方面的经验论文集。还有1955年出版的卡尔平柯著作《苏联国民经济中的干部培训制度》、1954年出版的拉竹瓦耶夫著作《怎样培养集体农庄干部》等也都是类似的学习教材。

而在文化、教育学领域也有很多苏联著作的译本，例如1954年陕西人民出版社出版、陕西省中苏友好协会等编撰的《向苏联青年学习建设美好的家乡》；甚至识字读物中也有很多对苏联的介绍，例如1952年华南人民出版社出版的《中苏友好故事》、1953年华东人民出版社出版的《苏联的科学技术创造（速成识字班补充读物）》。

作为农业大国，中国的成人教育在农业上对苏联经验的学习改造也不在少数。"从1953年起，我国农业院校陆续聘请了一批苏联专家，根据苏联办学经验进行了教学改革，在教材建设、教学内容、课程体系和教学制度等方面，全面引进了苏联的一套做法。到1954年底，已翻译出版可供高校使用的苏联教材农科19个专业276门课程中有58种，专业基础课程和基础技术课程的教材

---

① 《中国教育年鉴》编辑部. 中国教育年鉴（1949—1981）[M]. 北京：中国大百科全书出版社，1984：484.

初步得到解决。"①

1978年改革开放以后，我国成人教育得以重新恢复和发展；但直到20世纪70年代末80年代初，成人教育在我国才开始作为一门独立的现代学科进行系统研究。为了打好研究基础，这一阶段对国外成人教育的研究成果进行了大量的引进和翻译，如1979年人民教育出版社出版的介绍外国成人教育的文集《业余教育的制度和措施》等。

当然，新中国成立初期我国教育在各方面对苏联的学习，让学制、教材等都带有很多苏联的影子。随着时代的发展以及逐渐与国际接轨，日本、欧美等国家也成了我们学习的对象，成人教育教材的内容得到了极大的充实。

2. 职业性增强，教材内容拓展到更多职业

引进苏联的相关著作，增加了我国成人教育教材的内容，与此同时，发展中的新中国涌现出了各种不同的职业，拓展了成人教育的范畴。

新中国成立初期全面实行的计划经济深受苏联社会主义体制的影响，"苏维埃政权把生产资料社会化了，使它成为全民的财产从而消灭了剥削制度建立了社会主义的经济形态。在我国新的经济条件的基础上，国民经济有计划按比例的发展规律产生了，并且起了作用，整个国民经济的计划在实现着"②。这就意味着成人教育在扫盲和常识教学的基础上，还要考虑到对各行各业人才的系统培养。授人以鱼不如授人以渔，对日益增长中的工业、农业、建筑业和运输业等行业，仅仅依靠培养未来人才是远远跟不上行业发展速度的，因此，提高现有人员的文化技术水平，培养熟练的劳动力和技术人员的重任，就落到了成人教育上，例如福建省人民政府水产局编撰的《渔民课本》、东北人民出版社出版的《速成培养工人技术员的经验》、辽宁人民出版社出版的《木工冬训技术教材》、东北人民出版社出版的《矿工保安课本》、天津通俗出版社出版的《工厂中开展技术教育的经验》等教材。这体现的不仅是当时逐渐繁荣的行业面貌，也是国家对成人教育教材发展的日益关注。

在新中国成立初期，苏联教材深深影响了我国教材的发展，然而大量的引进、借鉴，虽然一定程度上促进了学科建设，但也使我国成人教育发展出现了一些偏差，甚至为我国成人教育带来了负面效果。本土成人教育教学的科学性受到质疑，而且研究对象也并未明确，成人教育教材的编撰曾面临各种困难与

---

① 李辉. 高等农业教育教材建设效率评价及优化研究［D］. 杨凌：西北农林科技大学，2010：26.

② 卡尔平柯. 苏联国民经济中干部培训制度［M］. 北京：工人出版社，1956：12.

压力。尤其是由于苏联教材的影响，本土教材的发展受到一定程度的冲击。成人教育教材也和其他学科一样，不断地进行反思和检讨。而在社会主义发展的过程中，地方教材、乡土教材、各级各类工农学校教材不断创新，教材内容和编撰方式除了由中央官方确定以外，也逐渐有了地方本土化、学科多样化的特色，新时代成人教育教材也在此基础上有了长足的进步。

（三）体系化和终身化成为当代成人教育教材的规范

新中国成立初期，从我国教育在各个领域的探索和模仿可以看出，成人教育教材并没有形成全国统一的局面。"1954 年 7 月 3 日，教育部、出版总署联合发出指示，规定中小学、师范学校、幼儿园教材一律由国家指定的国营出版社编辑出版；教学参考书、工农兵妇女课本由国营出版社出版。这意味着真正统一教科书时期的到来。"[①] 但教材统一的历程并不顺利，先是经历了一段频繁变动的过渡时期，人民教育出版社开始全面编写统一的教材，然而因为教学计划不断变动，各地成人学习者的基础、地方实际情况的不同，尤其是学科教学的内容变动很大，这一时期的教材建设比较杂乱。

1. 成人教育教材因学科体系不断完善而逐渐走向统一

从 1949 年到 1986 年全国内部发行的教材来看，成人教育教材在函授教育、职工业余教育、农村业余教育等领域得到发展，但不同类型成人教育教材的适用范围也有所不同。例如在业余教育中，农村业余教育的教材主要有识字、农牧业经验汇编、党的政治思想路线等，其中还是以《速成识字教材》《农民识字课本》等为主。职工业余教育则相对比较规范和统一，不仅划分了年级和学科，同时还有以技术培训为主导的经验汇编，如冶金工业出版社 1960 年出版的《新技工快速培训》等。

1959 年之后教科书开始放弃苏联模式，探索中国自己的教科书建设之路。1966—1976 年，教科书成为政治运动的工具，教科书偏激的形式和内容表达了特有的"革命文化"[②]。在此期间，因受到"文化大革命"的影响，各级各类教育教学均停滞，教材建设也比较混乱，一度沦为"政治传声筒"。而"随着国民经济的恢复和发展，教育战线开始纠正'乱、糟、偏'"[③]。党的十一届

---

① 石鸥，吴小鸥. 百年中国教科书图说（1949—2009）［M］. 长沙：湖南教育出版社，2009：74.

② 石鸥，方成智. 中国近代教科书史（下）［M］. 长沙：湖南教育出版社，2012：257—258.

③ 石鸥，吴小鸥. 百年中国教科书图说（1949—2009）［M］. 长沙：湖南教育出版社，2009：135.

三中全会以后，国家的工作重心转向了社会主义现代化建设，为成人教育的发展带来了动力。"1984 年 6 月，成人教育的全国性组织——中国成人教育协会成立，挂靠在教育部，标志着我国有组织的群众性成人教育科学研究的开端。1985 年 9 月，我国在《中共中央关于教育体制改革的决定》中正式统一并使用'成人教育'这一概念。1986 年 12 月，第一次全国性成人教育工作会议在山东烟台召开，会议制定并发布了《关于改革和发展成人教育的决定》，详细阐明了当时及其后一段时间成人教育的发展目标及工作任务。这成为成人教育发展的一个里程碑，标志着成人教育发展迈上了一个崭新的历史起点。"①

从学科建设与发展的角度来看，国家对各级各类教育的重视，从成人的特殊性进行考虑而形成的业余教育、函授教育等以及设立更为合理的学制，都为成人教育教材的统一化和规范化奠定了坚实的基础。而国家将教科书统编制改为审定制，"从编审合一到编审分离，各地方、各版本的面向不同需要的教科书相继编写出版并通过审定，统编教科书时代宣告结束，新中国教科书建设走上了统一基本要求下的多样化发展道路"②。改革开放为教科书的革新绘制了新的蓝图，社会主义现代化的不断发展为成人教育带来了机遇和挑战，高校研究生教育的恢复、职业教育范围的扩大以及成人业余学习模式的增多，使成人教育教材的本土化和中国特色化逐渐受到重视。

2. 终身学习理念推动成人教育教材进入大发展时代

由欧洲终身学习促进会提出，并经罗马"首届世界终身学习会议"认可的关于终身学习的定义堪称经典，该定义是这样描述的："终身学习是通过一个不断的支持过程来发展人类的潜能，它激励并使人们有权力去获得他们终身所需要的全部知识、价值、技能与理解，并在任何任务、情况和环境中有信心、有创造性和愉快地应用它们。"③ 简单来讲，其实人类一生的成长，就是一个不断接受教育、参与学习活动的过程。学习并不止步于校园生涯，而是会存在于人生的任何阶段、任何年龄。伴随着我国高等教育学制改革的步伐，为了适应社会主义现代化建设的需要，党和政府更加重视发展成人教育，终身教育也因此在我国的教育改革和发展中得以逐步实现。构建终身教育体系已经成为当今时代教育变革的主题和潮流。成人教育作为终身教育的重要组成部分，也是

---

① 张典兵，张忠华. 我国成人教育学科建设 70 年的历程与展望 [J]. 成人教育，2019（07）：2.

② 石鸥，吴小鸥. 百年中国教科书图说（1949—2009）[M]. 湖南：湖南教育出版社，2009：313-314.

③ 吴咏诗. 终身学习——教育面向 21 世纪的重大发展 [J]. 教育研究，1995（12）：10.

终身教育思想的实践基础。在成人教育制度日益完善的新形势下，终身教育制度的建立已成为我国社会进步与发展的迫切需要。

1993 年 2 月 13 日，中共中央、国务院印发《中国教育改革和发展纲要》，明确规定：成人教育是传统学校向终身教育发展的一种新型教育制度，对不断提高全民族素质，促进经济和社会发展具有重要作用。20 世纪 90 年代，要适应经济建设、社会发展和从业人员的实际需要，积极发展。要本着学用结合、按需施教和注重实效的原则，把大力开展岗位培训和继续教育作为重点，重视从业人员的知识更新。国家建立和完善岗位培训制度、证书制度、资格考试和考核制度、继续教育制度。"大力发展农村成人教育，积极办好乡镇成人文化技术学校，全面提高农村从业人员的素质。抓紧扫除青壮年文盲，坚持标准，讲求实效，把文化教育和职业技术教育结合起来。各级政府要增加扫盲拨款，设立社会扫盲基金，并加强领导，把扫盲任务落实到乡、村。"[①] 虽然一直到 20 世纪 90 年代，成人教育依然还有扫盲任务，扫盲教材仍然存在，但已不是主要的教学内容。成人中等教育、高等教育，以及与生产、生活、经营等密切关联的技术培训逐渐占据成人教育的主要板块，直接有效地促进了经济发展和精神文明建设。

与普通高等教育、职业教育一样，学科化的发展让成人教育也有了分门别类的学科教材。"从 1987 年的《关于改革和发展成人教育的决定》到 1993 年的《中国教育改革和发展纲要》及 1995 年的《教育法》、再到 1999 年的《面向 21 世纪教育振兴行动计划》，可以说，根据我国社会经济的发展阶段及适应这一社会需要所测定的成人教育内容的变化，在改革开放时期我国的成人教育发展经历了成人教育的确立期，作为构筑终身教育体系的基本制度的成人教育的发展期和作为建筑终身学习体系的基本制度的成人教育的高潮期的三个阶段。"[②]

有关教育专家曾花近两年时间在中国从成人学习动机、学习环境、学习方式（途径）、学习辅助等方面，调查研究我国成人学习者学习的基本状况[③]，仅从"成人学习的支持条件及环境"这一调查项目，可略知目前我国成人教育现状。对成人学习支持因素的重要程序的调查表明：上进心占 25%，时间占

---

① 王炳照，李国钧，阎国华. 中国教育通史：中华人民共和国卷（下）[M]. 北京：北京师范大学出版社，2013：114.
② 王国辉. 对建国后 17 年我国成人教育体系变革和发展的回顾与思考 [J]. 教育科学，2006 (10)：10.
③ 蔡巧芹. 试论成人教育与终身学习 [J]. 教育教学探讨，2012 (12)：112.

23%，费用占 21.3%，家人支持占 13.6%，领导重视占 11.9%，国家重视占 5.1%。对有所属单位的成人学习者的调查表明：认为单位领导对员工继续教育非常重视的占 9.2%，重视的占 22.7%，54.6% 的人认为一般，9.6% 的人认为不重视，3.9% 的人认为非常不重视。成人所在社区对继续教育与培训的重视程度的调查表明：5.9% 的人认为非常重视，19.5% 的人认为重视，48.7% 的人认为一般，20.8% 的人认为不重视，5.1% 的人认为非常不重视。在成人所属单位对继续教育与学习支持方式的调查中，37.4% 的单位有精神上的鼓励，37.8% 的单位提供了一定的培训费用，14.3% 的单位在培训期间由其他同事暂代替其工作，10.4% 的单位减少了培训期间的工作量。在学习场所的选择上，34.3% 的人认为最佳的场所是家里，28.4% 的人认为最佳的场所是社区学习中心，27.1% 的人认为最佳的场所是学校，9.7% 的人认为最佳的场所是工作单位，只有 0.4% 的人认为最佳的场所是图书馆。这份调查表明，在一定程度上，我国已经形成了鼓励与支持成人学习的社会环境，无论是家庭、社区，还是单位、国家的支持，都构成了我国成人学习的重要社会环境及条件。而终身学习及学习型社会在成人教育中的地位与作用将越来越重要。

总体来讲，科学技术的进步、人类知识的飞速发展及终身教育理念的建立，使人们意识到教育除了拥有"传道、授业、解惑"的功能以外，还与社会生活和实际环境以及未来建设密切联系。人们为了生存必须不断接受新事物，不仅要"活到老""学到老"，还要不断地发展创新。随着社会的发展，国家和社会对成人教育的要求也有着不同的时代特色，任何学科的基础知识、任何职业的技能方法，甚至任何更新换代的技术技巧，都能成为成人教育系统学习的教材。要使我国的教育与国际接轨，尽快培育出适宜国际间交流发展的高水平人才，还需要发挥成人教育办学形式灵活、培养人才快的特点和优势，对现有专业人员进行培训提高，扩展其知识领域，培养社会急需的专业人才。因此，成人教育的范围也从以前的农民农村教育、干部队伍教育、学历学位教育，扩展到社会教育、社区教育、职业技能教育、老年教育等更多的方面。针对不同人群、不同学习需求，成人教育的教材呈现出越来越多样化的特点。

（四）全面建设新时代特色成人教育教材的机遇与思考

21 世纪的到来，昭示着教育迎来了一个飞速发展的时代，国际化、多元化、信息化、信息全球化、知识付费等，为成人教育注入了全新的内容。进入新纪元，我们能够明显感受到前一个时代在各级各类教育上的付出有了清晰的回报。正如江泽民同志 2000 年在中共中央政治局常委会议上发表的《关于教育问题的谈话》中所说的那样，"新中国成立以来，党和政府高度重视人民教育，花了很大精力，我国的教育事业得到了巨大发展，为社会主义培养了大批优秀人才。解放前，我国大约有四亿多人口，百分之八十是文盲，受教育的人数很少。现在，我国人口已经达到十二亿五千万，在校受教育的人数为二亿四千万。这个成就是了不起的"①。而科教兴国、人才强国等战略的提出，让中国的教育得到了飞速的发展，新时代的教育面貌也将与以前大不相同。正如江泽民在讲话中强调的："二十一世纪，我国既需要发展知识密集型产业，也仍然需要发展各种劳动密集型产业，经济建设和社会发展对人才的要求是多样化的。这是我国的国情和经济社会全面发展的客观要求……在学校接受的还只是基本教育，尽管这个基本教育十分重要，但毕竟不是人生所受教育的全部，做到老、学到老，人才的成长最终要在社会的伟大实践和自身的不断努力中来实现。这个观点，要好好地在全社会进行宣传。"② 由此可见，21 世纪的成人教育正在进入一个全面建设的新时期。

1. 成人教育形式增多决定教材编写的要求增多

为了应对教育呈现出来的崭新局面以及适应信息时代的到来，国家对成人教育及其教材编写提出了更多的要求。

首先，成人教育教材的呈现形式增多。1987 年的《国家教育委员会关于改革和发展成人教育的决定》指出，成人教育是当代社会经济发展和科学技术进步的必要条件，也是我国教育的重要组成部分。同时也指出成人教育的五项主要任务，并提出要将开展岗位培训作为成人教育的重点，要改革成人学校教育，提高办学效益和质量。在这些改革实施的过程中，要求"成人学校必须贯彻理论与实践相结合的原则，根据成人学习的规律改革教学内容和教学方法，加强实践性教学环节。要根据具体条件，分别实行学年制、学分制等多种教学制度。要加强教材建设。教材要适合成人特点，注意针对性和实用性，便于成人自学"③。此外，因为成人教育迅速发展，该决定还要求"中央、地方政府和有关部门都要积极创造条件，继续改进和加强卫星广播电视教育，运用它的先进技术手段和开放教育的特点，为岗位培训、成人文化专业教育、大学后继续教育以及社会文化和生活教育提供质量较高的教育节目和声像教材"④。也就是说，改革开放以后，成人教育的教材建设增添了很多新的元素，例如伴随

---

① 江泽民. 江泽民文选：第 2 卷 [M]. 北京：人民出版社，2006：587－588.
② 江泽民. 江泽民文选：第 2 卷 [M]. 北京：人民出版社，2006：589－590.
③ 国家教育委员会. 关于改革和发展成人教育的决定 [J]. 成人教育，1987（04）：4－5.
④ 国家教育委员会. 关于改革和发展成人教育的决定 [J]. 成人教育，1987（04）：6.

着科技进步而出现的电视教学，录音、录像资料等，教材不局限于书本，为成人教育教材的传播和发展提供了更多途径。

其次，成人教育教材的编写需要与各级各类教育相结合。1998 年，教育部发布的《面向 21 世纪教育振兴行动计划》提出要"积极发展职业教育和成人教育，培养大批高素质劳动者和初中级人才，尤其要加大为农业和农村工作服务的力度"，要求"实施课程改革和教材建设规划"①。对成人教育要"以岗位培训和继续教育为正点，通过建立现代企业教育制度和职业资格证书制度，采取灵活多样的办学形式，使各类下岗和转岗人员都能接受不同层次和年限的职业培训或正规教育，为再就业工程服务，并使之规范化、制度化"。而在《中国教育年鉴（2003）》中关于职业教育与成人教育的内容也印证了国家和地方都在集思广益，通过多种形式积极推广课程改革和教材建设成果，这也让 21 世纪的成人教育与普通教育、职业教育的联系更为紧密，中等职业学校和高等职业学校不断完善和发展，为继续拓展成人教育的范围打下了很好的基础。从政策的落实上来看，因为有了与其他各类型教育的联结，审定模式下的成人教育教材编撰走上了更加系统和规范的道路，而国家同时加强了教材解读和教材使用的相关培训，也让教材落地更为科学合理。

最后，成人教育教材的编写需要按照国家教育改革规划的步骤推进，严格投标、送审过程。《中国教育年鉴（2009）》提出："作为全国基础教育教材及其他各级各类教育教材的出版基地，人民教育出版社从 20 世纪 80 年代起，就开始从事职业教育教材特别是公共基础课程的研究与开发工作，积累了丰富的编写经验。为高质量地完成本次立项教材的编写和送审，人民教育出版社在原有中等职业教育国家规划教材、教育部职成司推荐教材及中职实验教材的研究、编写和实验的基础上，精心组织相关课程专家、资深教材编者、一线教师与教学研究人员等，共同组成编写队伍，致力于开发面貌一新的'中等职业教育课程改革国家规划教材'。"②

2. 教育改革促进成人教育教材多元化发展

作为教育改革核心之一的教材改革，直接关系人才的培养和社会的进步。例如，在贯彻落实《国务院关于大力推进成人教育改革与发展的决定》的基础上，2003 年职业教育与成人教育工作要点中就明确指出大力推广《行动计划》

---

① 国务院. 国务院批转教育部《面向 21 世纪教育振兴行动计划》[J]. 中国职业技术教育，1999（03）：1.

② 《中国教育年鉴》编辑部. 中国教育年鉴（2010）[M]. 北京：人民教育出版社，2011：461.

职业教育课程改革与教材建设成果，组织探索示范专业课程改革，继续组织开发编写反映新知识、新技术、新工艺的职业成人教育教材，开发技能型紧缺人才培养培训项目的课程和教材。因此，促进成人教育教材研究，推进相关教材建设，做好教材选用工作，也是为了实现教育改革大背景下的成人教育教学目标服务的。

第一，适应市场经济发展，调整成人教育专业，更新教材内容。在全国深化教育改革的形势下，成人教育成为社会主义市场经济建设的重要改革目标，成人教育的模式要转变成更为灵活完善的适应社会主义市场经济的模式。这就要求成人教育调整专业结构的设置，从"培养什么人"这一问题上，去思考教材建设。市场经济的建立相应地促进了劳务市场、技术市场、人才市场的发展，成人教育的教育对象和教育目标也决定了其教材编撰必须要面向社会、面向市场需要。而成人教育的改革首先要面临的就是专业革新，即增加社会急需的新职业、新技术所需要的新专业，迫切要求提供与之匹配的新教材，以及更新教材内容。

第二，分类与多样并存，教材的实用性建设加强。2009 年"万种新教材"的建设，提出坚持分类指导、坚持多样性、坚持新编与修订相结合、坚持突出重点的原则，并且增加了精品教材的评选，以"推动作者和出版社提高规划教材的编写、出版质量"①。成人教育与普适性教育最大的不同之处就在于，其本质上还是属于继续教育的一种，教学计划都要围绕着更好地满足人才市场的需求来设定。岗位培训、学历教育、专业证书教育、职业技能教育等成人教育形式的拓展，体现了成人教育适应社会各方面需求的需要。对不同层次、不同形式、不同规格的人才培养模式，要求成人教育教材的品种也应当多样化。由于成人参加各种类型的继续教育，打牢基础并不是主要目的，更加紧迫的是为了实际应用。因此，新时期的成人教育教材在培养实际工作能力上有更多侧重，既要有和普通高等教育专业相同的教材，也要相应增加实用型、技能型教材的开发，以满足成人教育在各个领域的培养需要。

3. 对成人教育教材建设的回顾和反思

时代的发展和社会的进步为成人教育教材建设带来了新的机遇，让成人教育在学科发展上逐渐走向成熟。随着我国改革开放政策的推行，各行各业、各个领域都在对改革阶段进行回顾与反思，成人教育也不例外。

首先，成人教育转型将教材建设优化提上日程。高等教育大众化和普及化

---

① 《中国教育年鉴》编辑部. 中国教育年鉴（2009）［M］. 北京：人民教育出版社，2010：300.

时代的到来，凸显了以"学历教育"为主导的传统成人教育的局限，2009 年的《教育部职业教育与成人教育司 2009 年工作要点》提出要积极发展成人继续教育，推进终身教育体系建设的要求，明确指出要加快建立健全面向全体城乡劳动者的职业教育与培训制度，积极发展多种形式的成人继续教育，重点开展面向青年农民、退役士兵、农民工特别是返乡农民工、下岗失业人员和企业职工的职业教育培训。充分利用现代信息技术，整合各级各类学校教育和社会教育资源，促进灵活开放的全民学习、终身学习平台建设。《教育部关于进一步发展社区教育的若干意见》要求大力推进社区教育，确定一批新的全国社区教育实验区和示范区，开展社区教育工作者培训，积极创建学习型企业、学习型街道（乡镇）等各类学习型组织，加强社区教育的检查评估，强化对成人继续教育培训机构的规范管理。朱越来在研究中提出，"2014 年至 2016 年连续三年的中国成人教育协会相关年会主题均以'转型'为研讨重点，探讨终身教育、创新创业教育与成人教育的转型问题。这种转型既是适应社会发展的需要，也是成人教育自身的一种创新和调整，势必涉及作为成人教育基础性工作的学科体系建设优化"①。成人教育要摆脱这些局限，实现成功转型，在进行学科建设的同时，也要加强对教材建设的探索，例如拓展成人教育教材的本土化、特色化道路，对教材内容进行大胆的创新等。

其次，成人教育各种形式的竞争为教材的建设和使用带来一系列问题。目前，我国成人教育主要包括成人高等教育、广播电视远程教育、成人自学考试和网络大学等形式。因为上课方式、培养目标以及学制的不同，各种成人教育形式之间在生源上有着不同程度的竞争，虽然这种情况推动了成人教育的现代化发展及其质量的相对提高，但也对教材的科学使用产生了障碍。例如，大部分成人教育的学科教材依然是建立在普通全日制学校教材的基础上，缺少个性，缺乏精细化打造。同样也是由于这种现象，成人教育领域的教材编写陷入了以追求经济效益为目的的误区，忽视了其最重要的应用性和实践性，未能形成一个较为科学的教材建设体系，因此也打击了教材编写人员的积极性，由此将成人教育教材带入非良性循环的教育生态系统中。

这些现象给当代成人教育带来的反思远不止于教材的编写，更应该提高到对教材中应该呈现什么样的价值取向的思考。无论如何，新的时代、新的科学技术的进步所带来的机遇和挑战，从根本上讲，都是希望能够促进成人教育的整体发展，而对现状的反思也让我们意识到成人教育教材建设已经启动了新一

---

① 朱越来. 转型视域下的成人教育学科体系优化探究［J］. 中国成人教育，2018（07）：4.

轮的改革。

二、新中国成人教育教材建设特点

回顾新中国成立以来的成人教育教材建设历程，应当结合整个成人教育的学科发展来综合探讨，这一过程中，教材呈现出来的鲜明的时代特征，与当时的社会、经济、文化发展背景以及世界整体环境联系紧密。

（一）教材建设过程中始终坚持的思想路线不动摇

新中国成立直到现在，成人教育教材的建设从识字开始，到现代社会在各个学科领域的百花齐放，可以说是历经了各种艰辛。但无论怎样变化，成人教育教材建设所坚持的核心思想路线是不会动摇的。

首先，坚持中国共产党的领导是成人教育教材建设的"指示灯"。新中国成立以后，党和国家对教科书建设高度重视。1950年12月，人民教育出版社成立，负责教科书的编审出版。1953年，国家开始实行"一五"计划，大规模进行"三大改造"，毛泽东主席指示教育部宁可把别的摊子缩小点，必须抽调大批干部编出社会主义教材[①]。2014年，中国成人教育协会在教育部党组的领导下，在各级教育部门的关心支持下，团结带领各分支机构、各地成人教育协会和全体会员，全面贯彻党的十八大和十八届三中全会、四中全会精神，积极实施教育规划纲要。[②]"党的十八大以来，以习近平同志为核心的党中央高度重视教材建设，并就教材建设多次作出重要指示，明确指出教材建设是国家事权。教材建设国家事权是习近平总书记立足当今中国国情和发展实际，着眼于建设教育强国、加快教育现代化、办好人民满意的教育，把握教育教学规律和人才培养规律，总结正反两方面经验，对教材建设规律作出的科学判断，深刻揭示了教材建设的本质特征。"[③]

其次，中国特色社会主义的发展路径是成人教育教材建设的"风向标"。我国社会主义道路的发展在不同的时期有不同的特点，总的来说，也符合当时整体经济建设的状况。例如，"在1949—1956年的新中国成立初期，为了满足了新中国成立初期政治、经济的需要，成人教育主要着眼于为巩固人民民主专政和恢复与发展国家生产建设服务。在1949—1952年的国民经济恢复期，教

---

① 《中国教育年鉴》编辑部. 中国教育年鉴（1949—1981）[M]. 北京：中国大百科全书出版社，1984：482.

② 《中国教育年鉴》编辑部. 中国教育年鉴（2014）[M]. 北京：人民教育出版社，2015：1.

③ 仇森，潘信林. 新中国成立以来教材建设的历史脉络、基本经验与发展趋势 [J]. 出版参考，2020（06）：7.

育的普及是当时的重要任务，因此扫盲教育是这一阶段成人教育的重点，而到了1953年开始的一五计划期间，为了配合我国工业发展的需要，不仅要搞好普及工作，适应工业建设的需要，为了提高劳动生产率，提高也开始受到重视，也就是说，质的充实学历教育特别是专业教育开始受到重视。这种成人教育结构适应了当时社会政治、经济、文化发展的状况和需要，符合当时的国情，由于办学方向正确，这个时期的成人教育获得了健康发展。到了1958年5月，党的第八次全国代表大会第二次会议在北京召开，这次会议制定了党的'鼓足干劲、力争上游、多快好省地建设社会主义'的总路线。1958年9月中共中央国务院发出的《关于教育工作的指示》，指明了成人教育的办学方向，即成人教育要为社会主义事业服务，为无产阶级政治服务，为促进社会生产力的发展服务。但是在这一时期，由于政治上的'左'、经济上的冒进，盲目地重视普及的发展，片面强调量的提高，致使逐步建立起来的成人教育体制未能坚持和发展。在管理上出现了严重脱离实际、急于求成、高指标等形式主义，导致了教育质量的下降"[①]。

作为知识和技能重要载体的教材，承载的不仅是过去的经验，也有对现状的思考以及对未来的畅想。不论是新中国成立初期大面积推广的扫盲教材，还是时至今日不断在开发的电子教材，成人教育教材的建设从内容到形态，从根本上讲，还是要与国家发展相适应。例如在当今经济一体化的时代环境里，成人教育教材建设就需要考虑普适性和多元性，既要将基本国情与世界大环境结合起来，也要将专业特点和学科特性相结合进行综合考虑，兼顾教材的历史传承和未来走向。

通过对新中国成立后成人教育体系变革和发展过程的回顾，我们可以看出，经济发展水平和阶段及政治因素直接制约着成人教育的发展方针和水平。而各个时期对明确教材编写指导思想上的要求，也是既要坚持党的领导，贯彻中国共产党的教育方针，同样也要与不同时代社会主义发展特征相适应。这样除了能保持教材建设基本思想的统一外，同样也是成人教育面向未来、面向世界、面向现代化的必经之路。

（二）大胆探索与小心借鉴促进新中国成人教育教材走向自主建设之路

新中国成立以来，国家大力发展教育，并且倡导加强成人教育、职业教

---

① 王国辉. 对建国后17年我国成人教育体系变革和发展的回顾与思考［J］. 教育科学，2006（10）：8

育，对适合本国国民使用以及国家建设发展的教材的探索，也一直未曾停歇。教育部《关于"十二五"职业教育教材建设的若干意见》明确指出：加强教材建设是提高职业教育人才培养质量的关键环节，是加快推进职业教育教学改革创新的重要抓手。从政策上看，新中国是非常重视成人教育的教材建设的。

第一，教材建设的探索与借鉴。新中国成立之初对苏联教育体系和教材的探索，为我国恢复和重建时期的成人教育确立了学习的样板。成人教育从学制到学习内容，大多取材于苏联，教材也不例外，小到基础的扫盲教材，大到党政干部的继续教育资料，都受到苏联教材的影响。随着中国国际地位的不断提升，国门打开，教育在"走出去"看世界的路上，还选择了日本、欧美作为探索对象。的确，在成人教育的教材建设方面，国外也有许多可以借鉴的成功经验。例如，"德国强调理论与实践并重，教材容量大，覆盖面广，不仅包含本学科内容，还包括相关学科的知识，理论教材与实践教材之比达3∶7"①。"美国成人教育不仅始终针对社会和个人发展的实际需要，使其目标呈现多样性，诸如基础教育补习、职业技能培训、政治新举措的推行、科技成果的推广与应用、家庭与个人生活问题的解决、社交与闲暇的需要等。"② 英国教育不干涉大学承办的成人教育，学校在课程设置、教材教法等问题上，有充分的自主权。很多成人教育学院都已走出校园，与当地的工商业和用人单位紧密联系，既了解用人单位的实际需求，也向用人单位和社会充分展示了成人学习者的优势与素养。到21世纪，我国成人教育教材还在不断引进外国优秀教材。2002年，"为缩短我国在计算机教学上与国际先进水平的差距，加快培养具有国际竞争力的高水平信息技术人才，高等教育出版社承担了系统引进国外优秀信息科学技术类教材的任务。这批引进的20种信息科学技术系列影印教材，具有权威性、系统性、先进性和经济性的特点，是由国内信息科学技术领域的专家、教授广泛参与，在对大量国外教材进行多次遴选的基础上，参考了国内和国外著名大学相关专业的课程设置进行系统引进的，基本上代表了目前世界信息科学技术教育的一流水平。这批引进教材的价格与国内同类自编教材相当。教育部高等教育司和高等教育出版社先后在哈尔滨、武汉和杭州就这批影印教材开展了教师培训，有700多名教师参加了培训。经过试用和推广，这批引进

---

① 华平，邱常玉. 发达国家职业教育教材建设的借鉴 [J]. 郑州铁路职业技术学院学报，2015，6（02）：58.

② 陈静，王芳. 中美成人教育比较研究 [J]. 黑龙江高教研究，2010，9（09）：75.

教材已在高校相关专业广泛使用，受到师生的普遍欢迎"①。经过多年的探索，我国成人教育教材已经从全盘吸收向辩证借鉴的方向转变。

第二，国内教材的本土化建设。中国成人教育学是在借鉴甚至移植西方成人教育学学科体系的基础上发展起来的。单纯模仿和机械照搬的弊端在于：推崇西方文化，缺失中国文化个性；推崇西方成人教育的成功经验，消解中国成人教育的实践个性；推崇西方成人教育学的语言魅力，忽视中国成人教育学的语言个性。"如果这种移植化思想在中国成人教育学建设中成为主流思想，那么中国成人教育学建设将丧失自己的本土阵地和本土个性。"② 因此，要建设适合我国社会主义道路的具有中国特色的成人教育教材，决不能对从国外学回来的经验进行简单的"拿来主义"。于是不少成人教育学校经过不断改良，建设了一批自编教材。像北京实验工农速成中学在 1950—1958 年间的教材，"除语文教材全部自编外，化学、地理教材也系全部自编；算术、代数、几何、三角等数学教材，则对原教材的内容做了较大幅度的压缩和调整；中国史和世界近代史的教材，则进行了部分改编。自编教材均由各科任课教师刻写钢板，油印后装订成册，然后分发给每个学员。这些举措确实在一定程度上提高了教学质量，但也出现了由于随意删改教材，造成前后连贯不通、知识系统性不够等新的问题"③。从现实的角度讲，我们有自己的国情，参与成人教育的人员也有自己的特点，需要将现有资源进行有效整合，才能明确成人教育教材建设道路。正如新中国成立初到 20 世纪末，农民教育在成人教育中的比重很大，因此与农业生产相关的教材在全国遍地开花。虽然也有国家统一编撰的农业生产技术教材，但党和政府同样也主张这一类成人教育教材要根据各地的实际情况进行编写。当我国工业化进程加快时，则开发了大量的技术型、技能型教材。这些都可以视为我国成人教育教材建设在借鉴国外基础上的自主创新。我国的成人教育在很长一段历史时期里，都被视为普通高等教育的补充，其教材教辅的建设较其他教育类型而言，缺乏一定竞争力。虽然通过学习和借鉴，成人教育教材的建设之路凸显出了其时代特色，但在未来，依旧需要加强教材的自主研发。

---

① 高等教育出版社. 出版面向 21 世纪课程教材情况［EB/OL］.（2002−06−01）［2021−12−07］. https://www.edu.cn/edu/jiao_yu_zi_xun/nian_jian/nj2002/listh/200603/t20060323_158585. shtml.

② 李中亮，焦峰. 中国成人教育学本土化建设的省思［J］. 河北大学成人教育学院学报，2016（3）：6.

③ 孙超. 北京市工农速成中学研究（1950—1958）［D］. 北京：中共中央党校，2019：75.

（三）新的教育理念推动成人教育教材建设的现代化发展

在教育现代化进程中，终身学习、远程教育等新的教育理念对各级各类教育的冲击较大。这些新理念打破了人们曾经对教育的时间和空间的认知局限。终身学习延长了成人教育的时间范围。党的十六大提出了"形成全民学习、终身学习的学习型社会，促进人的全面发展"的奋斗目标。党和国家对成人教育事业更为重视和关怀，同时也对成人教育的改革和发展提出了更高的要求。2003年《中共中央　国务院关于进一步加强人才工作的决定》明确要求，"在全社会进一步树立全民学习、终身学习理念，鼓励人们通过多种形式和渠道参与终身学习，积极推动学习型组织和学习型社区建设。加强终身教育的规划和协调，优化整合各种教育培训资源，综合运用社会的学习资源、文化资源和教育资源，完善广覆盖、多层次的教育培训网络，构建中国特色的终身教育体系。进一步改革和发展成人教育。加强各类人才的培训和继续教育工作"①。虽然我国现代成人教育已形式多样，学习者范围广，但相对而言目的性、功利性比较强，而终身学习理念的推广，将业余教育、老年教育等相对无功利性的模式带入了成人教育的视野。因此成人教育的教材如果还是按照传统思路进行编写，显然不足以适应终身学习的需求。因为教育对象的扩大、教育理念的变化，教材需要考虑的具体情况也变得相对复杂。

远程教育延伸了成人教育的空间范围。随着第三次科学技术革命的到来，计算机从服务于小众群体进行科研，到如今走进了千家万户，互联网成为打开网络教育大门的钥匙。其实早在新中国成立时，国家已有建立健全教育电视节目、完善声像教学资源等方面的要求，开始了对远程教育的探索。1978年10月，中国教育电视台应运而生。1986年6月23日，国家教委、国家计委、国家经委、国家科委等国务院九部委联合发出《关于利用卫星电视开展教育工作的通知》。1988年10月29日，根据时任国务委员兼国家教委主任李铁映同志的提议，中国教育电视台开通了第二个卫星教育电视专用频道（CETV-2），并在节目整合后，成为主要播出中央广播电视大学等学校学历教育课程的远程教育教学频道，拥有较为庞大的联系网，与各高校、教育机构有密切的合作及往来，提供的视频信息和教育资讯等涵盖基础教育、高等教育、成人教育等全面内容，具有新闻传播、远程教育、学校教育、社会教育、文化资讯、信息服务等多种功能。而现代化的网络，更是为成人教育提供了可以不限时间、地点参与学习的便捷方式。2001年，教育部办公厅公布了《现代远程中等职业教

---

① 本书编写组. 当前政治理论教育读本 [M]. 北京：人民出版社，2004：125-126.

育与成人教育资源建设工程》首批开发项目的通知，文件指出："实施现代远程教育工程，网络建设是基础，资源建设是核心。首先要转变教育思想观念，改革教学模式与教学管理制度，贯彻终身教育的思想，全面提高学生的素质和职业能力。要以学生为中心组织网络课程教学，加强学习内容、进程的可选择性，培养学生主动学习的兴趣和学习的能力；发挥网络多媒体技术在职业教育教学与培训领域中的巨大优势，运用模拟、仿真等技术，实现可复现性、可控性的实验实训辅助环境；发挥网络传播优势，促进新技术、新工艺、新方法、新知识迅速辐射。"[1] 现代远程中等职业教育与成人教育资源建设项目是教育部组织的重大教育资源建设项目之一。其目标是用两年的时间，建设 100 多项基础性、示范性的网络课程、教学案例库、教学素材库和仿真实训、考核库等。

　　教育多元化拓展了成人教育的视野。学历教育、职业技术教育、技能等级教育等其实都只是成人教育的冰山一角，教育的多元化将成人教育教材建设从传统的教科书模式拓展到更广阔的范围。新知识、新技术所对应的不只是学习者所在的行业，也有可能是基于兴趣爱好的"无目的"式的学习。因此，教材内容的多样化、教材品种的扩大化也相应地成了新时代成人教育教材建设的特征之一。

（四）成人教材建设过程中问题显现，为教材的发展带来阻碍

　　在成人教育中，教材建设体现着成人教育的基本思想，承载了成人教育的内容和方法，是一项基础性工作。但是在我国成人教育教材的整体建设过程中，除了之前提到的过度借鉴外国经验，还存在很多其他的问题。

　　第一，普通教材与自编教材在内容上的"克隆"。以成人高校自编教材为例，在教材建设的过程中，虽然倡导各类成人教育学校自主研发教材，但实际上，即使是现在，成人教育使用的教材依然存在简单复制现象。由于成人高校与普通高校在教学目的、教学要求以及教学大纲等方面皆有不同，所以目前成人教育教材绝大多数选自普通大学所用的教材，导致教材内容大量重合，未能考虑到不同学习群体的个性化需求。其中既有教材编写的经济因素，也有教材建设团队条件不足的因素。但无论如何，这种现状都严重影响了成人教育教材建设系统的生态平衡。

---

　　① 教育部办公厅. 关于公布《现代远程中等职业教育与成人教育资源建设工程》首批开发项目的通知[EB/OL]. (2001-07-18)[2021-12-07]. http://www.moe.gov.cn/jyb_xxgk/gk_gbgg/moe_0/moe_7/moe_20/tnul_321.html.

第二，成人教育教材在实际使用过程中的混乱。成人中等教育、高等教育的对象主要是社会在职人员，这就决定了他们很大程度上要通过自学来理解教材知识。实际学习过程中，无论是函授、电大还是网络教育，有的会直接使用与之相适应的普适性教材，有的会使用自考教材，使用学校自编教材的也不在少数，前两者相对而言质量较高，但自编教材与地域特征、学科门类、培养目标等诸多因素有关，其质量不一定能得到很好的保证。教材的实际使用既不统一也不规范，严重缺乏针对性，在一定程度上也影响了成人教育的教学质量。

第三，部分现行教材内容陈旧老套，更新换代速度慢。尤其是刚刚进入21世纪的阶段，成人教育正处于即将大规模发展的时期。但新教材的研发速度远远跟不上新知识、新技术的发展速度，由此导致部分成人教育教材还是沿用之前的陈旧版本中的内容。"现行教材不能很好反映学科学术研究的动态，缺乏新的知识，新的研究成果，特别是当前学术争鸣的相关资料，教材只是死板的陈旧知识的罗列；一些成人教材虽然也是隔三岔五地修订补正，但仍然'本书编者的水平有限，加之时间紧迫，粗疏之处，在所难免'。"[1]

很显然，成人教育教材建设过程中呈现出来的各种问题，将直接导致成人教育无法满足具有一定社会工作经验的成人学习者的学习需求。他们不得不花费更多的时间去寻找最新的学习资源，这样既难以体现教材的专业性，也在一定程度上增加了成人学习者的教育投资。

三、新中国成人教育教材建设历程和特点对当前的启示

新中国成人教育不断"摸着石头过河"的艰辛历程，向我们展现了成人教育教材建设的"正在进行时"状态。但1949年至今，我国对成人教材的探索也对我们有所启示。

第一，科学借鉴，从对成人教育的理解上促进本土化教材建设。新中国成立后的成人教育的确在学习国外先进经验的基础上突飞猛进，而我国也因此开辟了自己的成人教育发展道路。就像新中国成立初期，我们建立了与普通学校教育制度并行的成人教育制度，即贯彻了"两条腿走路"的方针。联合国教科文组织国际教育发展委员会在1972年出版的《学会生存——教育世界的今天和明天》中指出："成人教育可能有许多定义。对于今天世界上许许多多成人来说，成人教育是代替他们失去的基础教育。对于那些只受过很不完全的教育的人们来说，成人教育是补充初等教育或职业教育。对于那些需要应付环境的

---

① 喻国伟. 论新时期成人高等教育教材的建设 [J]. 柳州师专学报，2002，17（3）：60.

新的要求的人们来说，成人教育是延长他现有的教育。对于那些已经受过高级训练的人们来说，成人教育就给他们提供进一步的教育。成人教育也是发展每一个人的个性的手段。上述这些方面，有的在这个国家比较重要，有的在另一个国家比较重要。但它们都是有效的。"[①] 正因为各个国家对成人教育的理解有所不同，所以中国成人教育教材建设在借鉴西方的经验与成果时要注意不能盲目照搬，更不能不加甄别地全盘接受，必须在充分考虑我国成人教育教材编撰的价值取向以及适用条件，同时密切联系本国发展实际的基础上，对国外经验进行本土化改造。

第二，系统打造，从成人教育学科建设的整体角度促进教材科学化建设。"学科体系基本架构是学科研究对象、范畴等的具体化展示，是学科'有机体'各部分相互联接、相互支撑的立体化组合，是学科体系理论建树、实践拓进的方向性指导。"[②] 成人教育的学科门类众多，学历教育、继续教育、自考等形式里，参考普通中等、高等教育学科设置的并不在少数。以成教自考中英语（本科）教材建设为例，因为学科发展已经相对完善，因此，教学内容也与普通高等学校英语专业教学相近，词汇学、语法、写作、听力、口语等技能训练，以及英语语言学、英美文学等拓展资料，都属于高等教育自学考试教材的范围。其内容的编写一方面是为了与普通高等教育本科教学相互联系，另一方面则主要是为了应试。而此前也有所提及，这类教材通常质量较高，其原因也在于此——本身就有比较完善的学科体系，教材建设也就相对科学。"工欲善其事，必先利其器"，高质量的成人教材是培养更多高质量优秀人才的基本保证，也是成人教育教学实践的依据。所以成人教育教材的打磨还是要以学科为基础，来考虑不同培养目标的教学需求。

第三，以人为本，从成人教育的教育对象入手促进教材个性化建设。成人教育的教育对象广泛，但无论是扫盲教材还是干部教育教材，无论是考试教材还是拓展阅读课本，其前提是结合学习者的特点进行编撰。曾经负责编写工农业余初等教材的王天民在《编写教材的日子里》一文中这样写道："从翻阅过的教材、讲义中，我们发现有不少课文，至今还是适应工农学员学习文化科学知识的需求的，它们是前辈们实践的成果，经验的荟萃。于是，这成了我们编选内容的一条原则。统计一下，四册教材中，这类课文占到一半左右，就像普

---

① 联合国教科文组织. 学会生存——教育世界的今天和明天［M］. 华东师范大学比较教育研究所，译. 北京：教育科学出版社，1996：247.

② 朱涛. 成人教育学科体系建设刍论［J］. 西北成人教育学报，2004（03）：7.

通中小学语文课本中的传统教材一样，因为受到工农群众喜爱，才得以流传下来、保存下来。但面对党的十一届三中全会后的新形势，工人、农民广大群众对学习文化科学知识的渴盼，远远胜过了过去的任何历史时期，已不仅仅是囿于文化翻身了，往往还和职业、致富、完善自我等等密切地联系在一起。上级也明确要求，千万不能脱离实际。于是，选取改革开放后的现代文化科学技术内容，就成了另一条原则。近期的有关报刊、书籍，又成了我们进攻、猎取的目标……另外，针对工农学员实际，我们还按难易程度、循序渐进地选编了通用应用文和撰写了最基本的文体常识。"① 从这段描述能够感受到教材建设工作过程中编者对人的尊重，不仅需要考虑到学习者的文化水平、知识背景以及经验积累的情况，以适应其学习能力，还要考虑学习者的学习需求，以帮助他们实现学习目标。

第四，坚持改革，不断创新，是成人教育教材发展的动力源泉。唯物辩证法认为，世界上一切事物都处在永不停息的变化发展之中，都有其产生、发展和灭亡的历史，发展的实质是事物的前进和上升，是新事物的产生和旧事物的灭亡。改革与创新是社会发展进步的动力，同样也是成人教育教材发展的动力源泉。例如早在1997年在农村成人教育的教材改革中，就发现了声像技术在施教面广、学员容量大、时空限制小等方面的优势，并提出"许多教学内容和科技知识，由于受到时间、空间、微观、宏观等条件的限制，传统的课堂教学往往只会黑板上'养猪'、'种田'，纸上谈兵，教学效果不佳。声像教学则较好地克服了这一弊端，教学内容图文并茂，具有丰富的表现力和再现性，使抽象问题形象化、显微结构宏观化、平面图像立体化、静止状态动态化，使深奥的理论通俗化、复杂的内容简单化，可以调动学员视听两方面感观，在获得大量感性知识的基础上加深理解，增强记忆"②。

回顾新中国成立以来成人教育教材的发展历史，经历了从单一到多元、从不完善到比较完善，直到现在的相对成熟的过程，这就是教材改革与创新的过程。在这期间，成人教育教材得以改造成功，适应了这一时期成人教育发展的需要。在现代社会，成人教育教材建设需要继续发扬改革创新的精神，根据成人教育发展要求和培养目标，适应教学改革的趋势、成人教育技术的革新、社会发展对成人教育的要求等，通过对教材观、教学观、制度方法、组织模式的创新促进教材内容、呈现方式等方面的创新。

---

① 王天民. 在编写教材的日子里 [J]. 成人教育，1996 (05)：45-46.
② 张悦华. 农村成人教育的声像教学 [J]. 成人教育，1997 (1)：39.

　　新中国成立以来，我国成人教育教材建设，尤其是具有中国特色的社会主义成人教育教材的编制，经历了学习探索、盲目跃进、短暂停滞到现在新时代的飞跃。整个过程中呈现出的百花齐放繁荣局面，让我们对未来成人教育教材建设有所期待。但现阶段遇到的问题与不足也需要我们在教材改革与发展中逐步解决。教材建设本质上是一种知识生产的过程，既要有与时俱进的探索精神，也要有科学连贯的系统打造。从长远来看，信息传递的高效化、知识获取的便捷化、各学科之间的相互交融，以及全民教育、终身学习等理念的深入人心，学习型社会的影响力不断增强，都为成人教育教材的发展提供了良好的生长环境。成人教育在未来还会面对各种各样的挑战和冲击，只有不断补充、不断革新，让教材适合未来的成人学习者、适合时代的变化，才能够与成人教育学科相辅相成，互相推动向前迈进。

第十一章 中国成人教育教材的
内容选择与现实困境

从先秦到现代，从国外到国内，教材与教育活动在根本上是密不可分的，而人们也因此对教材产生了不同的解读。传统教育学派将教材理解为历史积累的人类经验。进步教育学派认为，教材是人行为经验的方法，是关于一切自然和社会现象的解释，或者说是对宇宙和人生的各种实体的说明。这种广义的教材，既包括师生所从事的活动，也包括完成此类活动中所应用的一切材料或工具。换言之，教材是教师为实现教学目标所应负责指导的一切活动及完成此类活动所应用的各种材料或工具。教材可分为有形的和无形的，也可称为物质的和精神的。杜威则认为，教材首先由供给给现在社会生活内容的种种意义构成，所谓教材，就是在一个有目的情境的发展过程中所观察、回忆的、阅读的和讨论的种种事实，以及所提出的种种观念。"教材直接包含在社会交往的情境之中。"①

而中国成人教育教材的形成与发展，也与各朝各代人们的社会生产与生活相联系，经济的发展、文化的交融，让教材本身无论从内容还是形式上都得到了发展和完善，并且朝着越来越多元化的趋势发展。

一、成人教育教材的内容选择

我国历朝历代对教材内容的选择都有其鲜明的特征。例如古代成人教材中，儒学思想具有重大的影响力，儒家经典经过不同时期的革新，形成了不同的特色。宋元时期发展的理学思想既是如此，这些思想在成为大多数时期官方指定的必学教材的同时，也融入了朝代特有的元素。像元代这样少数民族入主中原、统治国家的时期，成人教育的教材就增加了许多民族化的风格。

（一）成人教育教材发展的历史规律

从教育的早期形态中可以看出，不管是哪种类型的教育，最初都是从口耳相传、言传身教逐步演变的，成人教育也不例外。在文字产生之前，人类用结

---

① 杜威. 民主主义与教育［M］. 王承绪，译. 北京：人民教育出版社，1990：192.

绳、刻木记事的方法来储存和传递信息。教学由声音、动作向结绳这样的符号形态过渡，虽然在现代社会看来既不系统也不成熟，但事实上体现了人们想要将教育内容用可视化的方式记录下来的愿望。而教材从单纯的文字形成书籍，则又经历了一个漫长的演变过程：

第一，教学活动的兴盛推动教材的发展。随着文字的出现，教育活动也开始有所改变。古老而传统的经验传承、"师带徒"等形式，被逐渐规范的学校教育取代。与此同时，科目划分、教学内容分门别类，以及人们对学习的需求与日俱增，也要求教育做出变革，文字类的教材因此得到迅速发展并形成系统。例如中国古代成人教材中除了有四书五经等丰富的儒家学说教材外，还有较为发达的自然科学、人文社科类教材。到了近代社会，学校、学制更加完善，偏重教学的教科书成为教材的主体形式，并且注重不同学科之间的融会贯通，极大地拓展了教材的编撰思路。到现代社会，成人教育教材构建已经突破古代的框架，伴随学科科研水平的提高，其科学性、综合性得到不断提升。技术的突飞猛进促进了知识信息的迅速增长，不仅更新了教学活动得到的形式，也为成人教育教材体系的全面检验和查漏补缺提供了更为便捷科学的条件。

第二，教材的开发由单一向多元化发展。从官学与私学的交流，到东西方教材的合作，这一发展历程，不仅拓宽了成人教育教材开发的广度，更拓展了教材内容的深度。随着时代的进步，人们对知识的需求大增，设立私学打破学在官府的局面，让官学与私学之间有了对话的机会。成人教育教材的开发，由最初单一的官方学者撰写宗法、典籍等各类著作，向百家争鸣各抒己见的多元化方式转变，一家之言即使在中国古代封建社会，也逐渐不为成人学习者所接受。例如，像原本起源于私学形态的传统儒家学说，经过各朝各代思想家的解读和增加，不仅丰富了观点，理出了自身特有的学术逻辑，也因此被以后的朝代纳入了官方教材。越往后发展，成人教育教材从传统的经史子集，发展到修身治国，还有天文地理，甚至数术文娱也都有对应的教材。尤其是近代社会，从西学东渐开始，大量的西方思想被留学生引入国内，欧美、苏联、日本等国家的成人教育内容，例如职业技能教育、员工岗位培训等成人教育模式下形成的更具有技能拓展意义的实用性、实践性的教材，被我国成人教育接受。此外，现代成人学历教育也像普通学历那样，有自己的教学体系和教学大纲，并以此为依据编制教材，伴随越来越多新兴学科的诞生，成人教育教材的范围也在不断扩大。总体来看，无论是教材编撰的部门、人员，还是教材涉及的领域、包含的内容，从历史进程上来看，都是从单一走向了多元，这也是我国成人教育教材演变过程中多样性特征的体现。

第三，教材的呈现方式不断更新。口耳相传、言传身教的形式虽然是原始社会所特有的，但时至今日，很多技术技能型的成人教育，仍然没有抛弃这种形式，虽然传统但也有其自身的长处，例如像机械、维修、电焊等一线技术型行业，其员工培训如果只依靠书本或讲授型的教材是远远不够的。正所谓"无他，但手熟尔"，老师傅具有丰富的一线操作经验，对技术的多年积累让他们能够对技术问题进行准确判断，并且迅速做出操作方案。这些都是书本无法替代的，即使称他们为一线岗位的"活教材"也不为过。这也是成人教育教材从经典学术著作到专业教科书，再到自编教材的必经之路。随着科学技术的进步，人们记载和呈现知识经验的方式发生了翻天覆地的变化，造纸术、印刷术虽然不能做到像现场教学一般活灵活现，但却延长了经验的生命，一方面让好的知识经验不至于流离失所，另一方面也让后人能在此基础上进行批判和创新。当然，现代社会已经有更多的教材呈现方式，例如 20 世纪末的磁盘、光盘等，以及现如今越来越发达的网络，为教材建设团队搭建了一个更高科技的研发环境。成人电子教材的开发和普及也给成人教育的网络化带来了便利。相信这一平台，能够惠及越来越多的成人教育学员。在成人教育思想不断转变的情况下，成人教育教材的建设还受到不同时期政治、经济、文化、科技、民族精神等诸多因素的影响，然后又在成人教育的教学观、教学目标、教学环境、课程、教学模式等方面的作用下，最终体现为教材建设的整体水平。

（二）成人教育教材内容选择的依据

一直以来，教材建设都是教育的重要组成部分，随着社会的变迁、不同文化之间的交流越来越频繁、信息载体的不断变化，带来的是教材内容的变化。但总的来说，中国在成人教育教材的内容选择上有其自身特点。

1. 指导思想是前提

纵观从古至今中国成人教育教材的演变，可以看出教材与社会政治变迁的联系非常密切。不同历史时期有不同的政治思想作为指导，而成人教育教材也在某种意义上成了政治的"传声筒"。当社会发展到一定的历史阶段，政权机构对文教的掌控要求在教材中体现统治阶级的意志，所以教材的编撰首先要与国家在教育方面的指导思想相契合。以官学教育的发展历程为例，中国古代官学作为传授管理国家经验、培养治国理政人才的专门场所，在历代统治者看来都是相当重要的。因此，在教材选用上体现当朝者的指导思想是必不可少的。中国古代官学制度始于夏代。虽然当时只有奴隶主才能够享有教育特权，但是"夏道遵命，为政尚武"，整个朝堂氛围依旧是为了培养骁勇善战的武士。所以夏代的成人教育教材主要侧重于军事训练和思想政治教育。西周建立的官学制度将选士作为其主要功能之一，国学选士就成为西周选士制度的重要组成部分。春秋战国时期官学一度废弛，到汉武帝时期，生产发展，经济恢复，政权巩固，官学才得以全面恢复。汉武帝根据董仲舒"兴太学，置明师，以养天下之士"的建议，在长安城外设立太学，置五经博士与博士弟子。郡国每年都会向太常推荐十八岁以上"仪状端正""好文学、敬长上"的青年，并经过严格挑选才能进入太学学习。其间所使用的教材除了《诗》《书》《礼》《易》《春秋》等经书，还有相关的律令。魏晋时期，战乱连连，又降低了当朝统治者对官学的重视程度，直到唐代统治者才重新重视官学的作用。而唐代将官学分为中央和地方，其教育任务除了"兴教化""育人才"，还有更重要的功能是向封建统治系统输送后备官僚人才。官方所选择的教材，除了儒家五经等经典外，还有时务策论等。

可以看出，不同类型的教育制度在中国古代成人教育发展的过程中，都起了一定程度的推动作用，历史上教材的国定制也在中央政治集权国家表现得较为明显，而且还对成人教育教材进行了周全且科学的管理。但无论哪个朝代，其官学设立的重要意义都是为了培养理政之能臣、治国之良将，选用传统经典、时事策论等作为教材，其初衷也都是稳定国家局势、巩固统治阶级的政治地位。这一点不仅在古代教育中有所体现，在现代社会也屡见不鲜。例如在成人外国语教材建设的过程中，新中国成立初期对苏联的借鉴和模仿，使在当时的学校教育中，英语反而没有成为教育的主流，而俄语教学却比比皆是，因为各行各业都有很多苏联的影子，俄语是当时成人继续教育的刚需。直到现在，还有很多老一辈教师、国有企业员工能够熟练使用俄语进行阅读和交流。而改革开放之后，我们看到了世界更多元的面貌，英语成了世界通用语的代名词，尤其是中国加入世界贸易组织之后，更是掀起了全民学习英语的浪潮。出国留学、职业英语教育成为成人英语教育的主流，伴随着相应资格考试而来的是教材教辅的升级换代。时至今日，成人外国语教材的建设已经有更多的内容，在英语之外还有非常多小语种教材，以适应成人对不同外语的学习需求。

当然，我们还应当看到国家意识形态、社会文化环境对教材建设的影响作用。学校知识体系接纳或排斥某些内容，通常服务于意识形态的目的，因而学校知识体系能成为一种社会和经济控制的形式，因为它们保存和分配了被知觉为"合法的知识"。事实上，受教学大纲以及教材评审制度的规范和制约，教材编撰者在编写成人教育教材时，也必须选择那些能够体现国家意识形态的内容，排斥那些背离国家形式的内容。国家意识形态一般是作为合法的、社会全体成员必须遵从的形式出现的，因此它往往成为指导成人教育教材编撰的主要意识形态。从这个意义上讲，成人教育教材可以说是国家意识形态的有效载体。而一定的社会思想、道德观念、文化传统会影响教材的选用。人类具有社会属性，并且生活在具体的社会文化环境之中。因为历史发展、地域风俗的不同，在教材中或多或少都会有所反映。例如儒家思想对我国古代成人文化教育的深远影响，直到今天依然能在教材内容的诸多方面有所展现。有时代特色的成人教育教材是在一定社会文化的氛围中形成的，既要反映社会文化，也要对整个文化有所净化和提升。所以总的来说，什么样的指导思想，就会促成什么样的成人教育教材的产生。

2. 社会发展是动力

生产力决定生产关系，经济基础决定上层建筑。作为体现国家政治意识之一的教材，其编制条件也取决于一定的社会经济发展水平。对成人教育教材而言，社会发展更是教材生成与发展的根本，更是其改革与创新的动力。与此同时，成人教育教材的建设与发展方向也必须适用于社会的发展，并发挥其促进社会发展的功能。

首先，社会的进步促进了教材编制的技术革新。有学者认为："社会生产力与科技的进步全面改善了教材的研究条件。具体表现在：一方面，革新了教材研究的技术和方法，广泛利用了现代化科技手段；另一方面，大大提高了教材研究对教材编写的作用，并使二者在新的高水平上实现有机结合。"[①]

其次，社会发展为教材建设提供了新的发展空间。近年来，不仅国家大力提倡社会在职人士通过成人教育提升学历，各类用人单位在人才建设和培养上也对员工的学历提出了更高的要求，不仅在入职门槛上有所提升，在对在职员工的薪酬待遇上，也有所区别。正是由于求职压力的增加，不少高职、专科学历的学生，会选择直接升本，或参加在职学历教育。例如，不少县、市级相关部门出台的劳动用人管理办法中，对管理岗位人员的招用条件里，就明确要求学历要在本科以上。同时，像国家现在正在实行的国有企业"三项制度"改革里所提及的"管理人员能上能下"，也对在职管理人员提出了提升学历、技能的要求。从社会经济发展的角度来看，企业、单位聘用高学历人才，对提高其整体高层次管理水平、建设更加优质的管理团队有所帮助，当然也能够在一定程度上推动企业新兴项目发展，优化企业员工整体科学文化素质。这种对企业、对员工来说都是双赢的局面，正好适应了国家构建学习型社会的需求，也

---

① 曾天山. 教材论 [M]. 南昌：江西教育出版社，1997：56—57.

相应地扩大了成人教育教材的需求。此外，职业培训里面也不仅仅是科学文化知识的提升与训练，还有更多与职业相关的技术教育。因此必须要遵从社会发展原则来编写教材，最核心的就是成人教育的实用性。

从这一角度来看，成人教育教材编制应较好地体现成人教育的特色，即通过教材解决职业技能的学习、习惯道德的养成以及职业能力的提高问题。部分成人教育的实践性特点，要求职业教育应从应用和实际出发进行，要注重实践能力的培养，特别强调理论与实践的紧密结合。当代成人教育的开放性特点要求与先进的科学技术接轨，把握新的科技动态，将最新科技成果及时纳入教学内容。

3. 培养目标是指针

作为促进国家发展社会进步的最重要组成部分之一的教育，总会在各个不同的时期有不同的教育目的，并对教育事业有所指导，从而构成不同的培养目标，成人教育也是如此。在选择教材内容、构建教材编撰体系的时候，必然会参考国家在成人教育方面的培养目标。

翟新明汇总了当前我国成人高等教育人才培养目标的六种定位，即"一是'高职化'观点。认为成人高等学历教育的使命、本质属性等与高等职业教育相近甚至相同，二者可以融合归一。成人高等教育根本特征是职业性，人才培养应'以岗位素质和技术技能为主线'，突出岗位特点，凸显应用技能，培养具有相应职业知识、职业能力、职业伦理的复合应用型人才，使成人高等教育成为真正意义的职业教育、应用教育。二是'普教化'观点。认为成人高等教育与普通高等教育培养目标相同，二者可融为一体。三是'中和化'观点。认为成人高等学历教育应当使培养目标兼具普通高等教育和高等职业教育特点。既涵盖知识的体系化传授，还兼顾职业技能的系统提升。四是'培训化'观点。认为在学习型社会建设中，学历文凭不再是成人学习的主要目的。五是'层次化、体系化'观点。认为成人高等教育培养目标是由多层次、多方面的目标体系，其内涵是职业或岗位群定向的目标，它应是专业的总目标，要构建以'转移—就业—发展—素质'为重点的培养目标体系。六是'多元发展'观点。认为成人高等教育应立足社会需求与办学实际，尊重个性成长，确立'扩充智力、多元发展'的人才培养目标。'注重培养具有终身学习能力、合作发展能力、职业技术应用能力、实践能力、创新能力以及社交能力的高技能、高素质全面发展的人才。'"①

这六种定位不仅可以用在成人高等教育教材建设上，也可以延伸到其他类型的教育上。例如长期以来以四书五经为教材，是为了满足国家对德才兼备的儒士的需求。而现代社会更加倡导人的自我发展，时代进步对复合型人才更需要，为成人教育教材内容选择提供了更多的素材，但也提出了更高的要求。

4. 政策制度是保障

经过数十年的探索和发展，中国成人教育教材已经形成了自己的特色，相关制度的建立也在一定程度上保障了教材建设能在一个相对稳定的环境里持续进行。例如，"在我国建国后的不同时期，党和国家都根据不同时期社会主义建设和经济的发展目标，在成人教育制度体系建设的同时，高度重视制度的内涵建设，针对成人教育发展的现状与趋势，'有的放矢'地提出针对性极强的政策方针和目标举措。例如扫盲教育的《关于开展农民业余教育的指示》《关于扫除文盲的决定》《关于脱盲标准、扫盲毕业考试等暂行办法的通知》等，职工教育的《关于开展职工业余教育的指示》《职工教育暂行实施办法》《关于加强职工教育的决定》等，专门针对自学考试的《自学考试办法》《高等教育自学考试试行办法》《高等教育自学考试暂行条例》等等。这些各具特点且又极富针对性的文件在短时期内的密集性出台与落实，成为指导不同形式成人教育开展实践活动的引领性文件"②。

2014 年的《教育部关于成立全国职业教育教材审定委员会的通知》（教职成函〔2014〕3 号）提出，为贯彻落实教育规划纲要，加强职业教育教材建设工作的管理和指导，建立健全教材质量监管制度，进一步提高教材质量，推动职业教育教学改革创新，教育部决定成立全国职业教育教材审定委员会，并要求"由具有较高专业理论水平、丰富的实践经验、较深厚的行业专业阅历与背景的相关部门、行业组织、科研机构、院校专家等人员"作为教材审定委员会成员。目的就是保障教材建设工作的最终落地。

制度保障之路对于教材建设而言依然漫长而艰辛。党的十八大以来，党中央高度重视教材建设，习近平总书记就教材工作做了一系列重要指示、批示、讲话，我国重视教材建设进入程度空前的历史时期。在这一时期，我国教材制度体系发生了深刻变革，国家成立了专门的国家教材委员会，教育部成立了教

---

① 翟新明，秦农. 我国成人高等学历教育人才培养方案研究综述 [J]. 教育现代化，2019，12 (105)：29-30.

② 曾青云，丁昶玮. 建国后成人教育制度建设的思考 [J]. 中国成人教育，2012 (21)：7.

材局，在研究方面专门组建了课程教材研究所。在党中央的正确领导下，通过教育系统的协同努力，我国大中小学教材建设取得了重大进展和显著成效，教材建设总体水平迈上了新的台阶。在 2018 年召开的全国教育大会上，习近平总书记发表了重要讲话，对教材工作提出了新的要求，为新时代教材建设与发展提供了根本遵循。为了做好这项工作，国家教材委员会成立后，教育部已启动制定大中小学教材五年发展规划、四个有关教材的管理办法已在 2019 年正式印发。这就是从国家层面搭建教材建设的"四梁八柱"，以形成完整的制度体系。但是，教材的制度建设是一项长期任务，国家现在推进的这些制度建设是一项基础工作，在教材建设的方方面面，还有待进一步研究、规范，包括在这些制度之下还要形成一些可落地、可转化的工作机制。这里面包括教材的编写制度、审查制度、研究制度、使用制度、监测制度等。在制度建设方面，还有很多领域有待加强与完善，还有大量的工作需要去筹划与落实。

5. 面向未来是趋势

无论我们的教材建设以什么样的形态呈现，其最终都是要面向未来的。成人教育更是如此。形成的教材是否符合社会需要，特别是社会未来发展的需要，是教材生命力的重要体现标准之一。

一方面，成人教育教材建设面向的是未来的社会。早在 2003 年初，在北京举行的"中国成人高等教育教学改革与教材建设讨论会"上，国内知名的成人教育专家、学者就目前成人高等教育教学与教材使用过程中存在的问题进行了专题研讨。有专家认为教材的编写除了依据教育部颁布的"全国成人高等教育公共课和经济学、法学、工学主要课程的教学基本要求"外，还应注重吸收学科的最新发展成果，以不脱离该学科所反映的最新社会经济活动实际为原则；同时，教材的编写应鲜明地体现成人高等教育培养应用型人才的特点。除了完整、简明地阐述基本概念、原理外，应大量采用案例、实例的写法，将理论应用于实例中。这对以自学为主的学生而言，学习、掌握、运用理论知识将变得更为容易。同时，教材的编写不应深究理论渊源，与现实需要应紧密结合，突出重点，尤其是要加强课后练习的分量，或者配备练习资料（习题集）和 CD-ROM，使老师好教且能教得完，学生能学且学得会，有余力的学生还可通过 CD-ROM 资料获取更宽更广的相关知识。正因为教材的大部分内容都是经验的汇总，成人需要在相对较短的时间里快速吸收这些间接经验，并将其运用于实际工作，这就是成人教育要达到的效率目标。但事实上，实际工作既包含了已知，也面临着未知，如何从已知推向未知，这才是教材建设应当探讨的内容。

另一方面，教材建设面对的是未来的人和人的未来。有一句话叫作我们所有的人就是历史，也是现在，更是未来。教材的重要作用之一就是实现国家"培养什么人"的教育目标，而人也是处于变化发展之中的，成人教育教材既要让成人获取当下所需的技能，同时也要有前瞻性，帮助学员通过对既成知识的掌握，来应对和开拓未来的技能，激发学员用已知推导未知的能力。因此，成人教育教材内容的选择应当具有一定的先进性、先导性和创新性。所以，简单来讲，教材建设的过程中，是需要考虑到不同时代中成人学习的特点，运用学习媒体和手段的先进性，充分发挥成人学习模式和学习过程的民主性、学习能力的创造性等。因为，作为成人教育教材的建设者，例如教材编撰部门、学科教师，对他们而言，成人学生不再是教材的被动的受体，而是对教材进行能动的实践创造的主体。教材不再是只追求对教育经验的完美预设，而要为成人学生留有发展的余地，使教材编制过程本身延伸到课堂和成人学生的学习之中。

二、成人教育教材建设的现实困境

与基础教育、普通高等教育所不同的是，成人教育教学对象的构成相对要复杂很多。对已经投身社会的成年人的学习而言，既存在完全无功利、无目的性的学习，也存在以职业生涯发展、个人人生追求为目标的学习，因此涉及的学科、类别、学习方式、教育方法等都会有很大的不同。从整体上看，目前中国成人教育教材建设仍存在一些现实困境，突出表现在以下方面。

（一）教材内容陈旧，缺乏新意

随着社会经济的不断发展，知识全球化、教育大众化，除了让科技进步，让人们的视野更加开阔，同时也为现代社会的成年人营造了一个难得的全民学习的良好氛围。不少成年人愿意重新进入学习状态，利用业余时间补充新的知识技能，接纳新的社会理念、价值观等，拓展自己原有的知识面，人们对知识的渴求变得越发强烈。在这样的情况下，各种类型的成人教育应运而生，除了各大高校已经自然而然成为成人继续学习的主要阵地以外，各种职业学校、培训机构也纷至沓来。客观地讲，近年来日益壮大的成人教育队伍，在注重严格教学管理、专业课程体系及内容改革以及师资队伍建设等方面，以鼓励创新、提高质量为主，收获了较好的成效。但成人教育教材缺乏创新性、具有滞后性等问题也是不争的事实。

第一，教材出版周期长，已出版的教材修订不及时，教材内容、观点陈旧，教材建设滞后于行业、专业的发展。"在编写教材之初，不重视这一点，则会造成更大的问题。科学技术的发展，经济的发展，在实际工作中、生产中出现了许多新的技术、新的方法、新的手段、新的规定、新的制度等等。这些新东西在实际工作中生产中已经应用而不可回避，学员如不掌握，则会不适应工作的需要。以财经专业为例，今天的珠算技术与十几年以前相比，已经有了很大的变化，如果仍用老方法，则计算速度要落后；计算器、计算机这些新手段，如果不会用，则不适应时代的要求；国家制定了新的会计制度，如果不了解、不按新制度办，则财经人员连基本要求都可能做不到。这就是说，作为培养实用人才用的成人中专教材，如果不能及时引进有关的新内容，还是老一套，那是不符合要求的。当然，我们说引进新内容，并不是指那些理论上还不成熟，还在争论的内容，这些是不宜引进教材的，我们指的是那些实际工作中已经运用，而教材还落后于实际的东西。"① 这一现象虽然发生在 20 世纪 80 年代末，但直到 90 年代末，问题依然存在。例如，在同样是财经类成人中专教材中，体现得较为突出的教材理论知识明显落后于实际操作的问题。由于"过去的计划经济已经向市场经济过渡，并逐步和世界经济接轨。在新旧经济体制交错时期，经济领域的新思维、新观点、新方法层出不穷，实践中的新问题不断出现。专业知识中的新会计制度、新税收制度、新的知识产权问题、新的股票债券制度，以及国家有关新的经济政策、规定、法律条例等，在社会实践中已经实行和发生作用。但在课堂上学生使用的教材仍是过去的传统内容，即使有所增补，也只是应急措施，没有从根本上解决"②。甚至在现在越来越普遍的开放大学中，依然存在教材内容陈旧、针对性差的问题。"有些教材属于十几年前的版本，相关内容早已与现实脱节，教材中的很多观点和理论是过时的，造成学生在学习中的困惑与不解，甚至会使学生对所学课程产生怀疑，打击学生学习的积极性。还有不少课程直接选用已经出版的普通高校教材，普通高校教材大多理论偏深、内容大而全，不适用于学习基础相对薄弱、以自学为主的成人在职学生学习。而在开放教育试点阶段由普通高校教师专门为电大编写的远程开放教育专用教材，由于编写者缺乏成人教育和远程教育教学经验，致使编写的教材与普通高校教材差别不大，没能体现出'成人、业余、自主学习'特色，适用性不强。教材适用性低在一定程度上影响了学生的学习效果和远程开放教育教学质量。"③

---

　　① 张志军. 从成人中专教育的实际出发编写出有自己特色的教材来 [J]. 成人教育，1989 (12)：28-29.

　　② 李彤. 成人中专教材建设的几个原则 [J]. 中国成人教育，1997 (03)：22.

　　③ 韦玲云. 关于开放大学教材建设机制的思考 [J]. 广西广播电视大学学报，2016 (04)：50.

第二，教材内容与成人工作、就业必备的职业资格证书缺乏衔接，配套教材严重缺失，尤其是实验、实训类教材，缺乏标准所占比例小。目前在很多成人教育教材中存在这样的问题，即"重理论轻实践"。有研究者认为，主要原因是成人教育教材关于实践环节的内容没有一个统一的标准，也没有相应规范的实训标准，而且成人学习时间不固定，大部分都是带着一定相关专业工作经验，再进行的继续教育。而"成人高教现在使用的教材配套的很少，完整的成人高教教材应是教材、教学辅导材料、课程指导一体，对于一些附有实践性环节的课程，还应附有实验指导书、实验报告等等。但就成人高教目前使用的教材看，包括成人规划教材，有相当一部分只是单本教材，既无辅导材料，又无课程指导，有的甚至连作业习题都没有。迫使学校靠自己力量来组织编写辅导材料和指导书加以弥补。但由于时间和经费紧张，和其它一些原因，如教师素质、印刷以及工作人员能力等原因，常常无法在一定时间内大规模进行组织编写，根本就满足不了教学的需要。在很多情况下只能靠临时指定一些辅导材料作为补充，而有些教学辅导材料和教材不配套，给学生的学习造成了一定的困难"①。如果从专业发展的角度出发，事实上成人教育的不同专业教材中，更应该充分体现实践环节的重要性，应当根据具体的职业岗位对成人学习者要求的标准来制定相应的实践标准，且和职业资格具体要求相结合，增加实践教学的比例，加强成人学习者技能的训练。

第三，在教材的形式上还不成熟。受教育模式的影响，部分成人教育没有固定规范教材可用，由任课教师临时编写，电子化、网络化的教材还有待开发。例如在农村成人教育的相关研究中，研究人员"在对近 20 个乡镇调查后发现，文化驻乡和农村实用人才作为北京市两个比较持续时间长、范围广、人数多的农民成人教育项目目前无培训固定教材，上课的时候由市里培训机构或者乡镇培训学校临时编写。2011 年北京开始实施的'文化驻乡'工程，课程设置以'夯基础、抓模块'为原则，到 2016 年在 11 个区共计招生 9114 人。这个项目影响很大，由于考虑文化的地域差异性，只有不到 20% 的正式出版教材，其他教材都是教师的自编讲义或者视频材料"②。事实上，网络平台的建设越来越完善，像网络课堂、远程教学、微课等形式层出不穷，多媒体网络教学已经得到大面积推广，势必对教材的内容和形式提出更高的要求，多媒体网络课件在教学内容上必须和文字教材协调统一。单纯文字的版本教材已难以

---

① 张建林. 成人高等教育教材选用现状的分析 [J]. 高等继续教育学报，2013 (04)：57.

② 李凌，陈平. 农村成人教育教材建设问题研究 [J]. 当代职业教育，2018 (05)：96.

满足教学需要，急需一些能够与教材配套的多媒体视频和网络教学课件，而在这一方面，显然还没有得到社会和学界的重视。

（二）教材编撰缺乏针对性

成人教育涉及面广，成人学习者构成复杂，教育目的及教学方法千差万别，这就决定了成人教育教材编撰的特殊性。以往教材的设计对成人学生因素考虑欠缺是显而易见的，主要体现在三个方面，即学生、教师和专业。

1. 教材缺乏对成人学习者个性的考虑

以成人高等教育为例，因为其专业的设置大都和普通高等教育相同，所以教材也沿用或选用普通高等教育同样的内容，导致没有针对成年人这一特殊群体的学习动机、特点和已从事的职业及市场特性来设置具有一定实际操作意义的专业。我们应当看到这些参加成人教育的学生具有非常鲜明的特点。

从学习时间的分配上看，成人学习者大多是社会人士，其中更多的是在职人员，大多工作任务繁重，不能很好地保证学习时间，很多成人学习者都是利用下班后或者周末的时间参加学习。同时，部分已经成家立业的成人学习者还要兼顾家庭，这些因素制约着成人学习者的学习精力和自由，很难取得好的学习效果。

从学生的来源和学习动机上看。成人学习者来源比较复杂，他们除了有不同的学历、工作、生活背景，参加成人教育学习目的也有很大差异。例如在高考中落榜的考生，不考虑通过复读途径再次获得高等教育机会，转而选择到成教学习提升学历层次。还有因为在工作中发现自己储备的知识已经远远不足以做好工作，想要通过学习进行"充电"来适应社会发展的需要。而更多的学生功利性较强，迫于社会和家庭对个体学历的要求，加之自身学习动力不足，只求顺利结业。

从成人学习者的年龄构成和知识差距上看，由于终身教育理念的宣传，目前成人学习者年龄跨度越来越大，既有高中应届生，又有而立之年的中年人，甚至还有年近耄耋的老年人。文化基础差距也非常大，有些学生毕业多年，原来学的文化知识几乎忘光；有的则是初入职场，知识储备相对充足。同样的教材内容，对于不同基础知识的成人学习者来说，在理解程度上也会有很大差异。

从成人学习者的这些特点中可以看出，自学是大部分成人倾向于选择的学习方式，因为学习时间上可以灵活自由地安排，也能够兼顾工作和家庭生活。但是，由于目前公开出版的统编教材普遍存在涉及范围广、知识点庞杂等特点，且系统性强，多为递进式结构，需要系统学习，更适合普通在校生学习和使用，不适合自学模式。同时，一些学科的教材受到难度和深度等限制，教师仅能够将其作为"教"的材料，离开教师的帮助，成人学生对教材的学习和理解常常产生不可逾越的困难。而成人教育教材需要"针对学员的不同层次、不同专业特色来组织编写。例如，编写中等层次的成人教育教材和编写高等层次的成人教育教材就应当把握好层次上的差异，而不应大同小异，这个问题在目前成教教材建设中并没有得到很好的解决，有的办学单位因为一时解决不了适用教材，往往就不分层次地相互混用教材，这对发展成人教育是十分不利的"①。这样的教材在一定程度上增加了成人学习者的学习难度，同时也会影响最终的学习效果。

2. 教材缺乏对成人教育学科和教学特性的考虑

成人教育的形式多样，除了学历教育，还有在职岗位培训、职业技能学习等，这就决定了其教材的建设应当考虑成人所学的学科特性，即能力性、操作性和实践性。因此，从这些特性上来看，成人教育的教材要根据科学的内在逻辑体系和学科的逻辑体系编写，但学科体系和科学的体系是不同的，学科体系不仅反映科学本身的逻辑，而且要反映成人学习者学习特点的要求。对此必须要处理好两组关系：

第一，教材中理论与实践的比重关系。成人教育的学科更偏向实用，教学往往更注重应用和实践。一方面，成人学习者的基础知识掌握程度不一、学习方法与习惯的欠缺以及有限的线下学习时长，会导致他们在理论学习上相对比较吃力，难以掌握。另一方面，成人学习者不仅具有较为独立的自我概念和学习意识，而且还具有丰富的工作和生活经验，其接受能力和动手实践能力比较强。因此，他们会更注重学习的实用性和过程的实践性。而很多教材的编撰理论性过强，影响了成人学习者的学习兴趣，也使其学习效果大打折扣。例如，"近年来，高职院校非常重视实训基地建设，并且取得了一些可喜成绩，但是实训教材建设却滞后于高职教育发展的步伐，远远满足不了高等职业教育发展的需要，直接影响着学生职业技能的培养，这已成为制约高技能人才培养的瓶颈。另外，对实训教材的编写缺乏应有的重视，实训教材严重不足。教材结构不合理、内容陈旧简单、实训教学特点不突出、缺乏独立性和完整性、针对性不强等是实训教材普遍存在的问题。这与高职教育的培养目标极不适应，直接

---

① 李兴洲，董会理. 成人教育教材的组织原则 [J]. 中国成人教育，1997（01）：24.

影响着学生能力的培养"①。实际上，成人教育的显著特点之一就是贴近生活、贴近生产实际的实用性，成人参加学习的直接动机很大程度上是为了解决他们在生产和生活过程中遇到的实际问题，希望通过学习去寻求解决实际问题的可行方法。增加教材中的实践性比重，更能体现成人教育的职业培养特色，特别是在一些实践类课程和与实践紧密结合课程的学习中，或者短期培训的过程里，应适当在编撰的教材中增加实践性、操作性强的内容。

第二，教材国际化和本土化关系。以往教材编制的一个基本原则是精选那些确定无疑的知识或理论。对成人学习者来说，教材是权威知识发布的载体。目前我国很多成人教育学科的专业教材还是建立在引进和改编的基础上，这是有历史原因的，所以学科的教材体系、结构、内容都缺乏本土化特色，很少联系成人教育的实际。而且很多普适性教材的对象都是在校学生，不符合成人教育例如干部培训、职业技能发展等的学习要求。这就要在总结本国教育成果的基础上，结合社会需求的实际情况和时代发展的趋势，吸取国外一切有益的和先进的技术，建立起具有我国社会主义特色的成人教育体系。当然，还要结合成人学习者的特点，将理论阐述与指导实践相结合，使成人学习者在学习的过程中带着思考去实践，通过实践去创新。

然而成人教育教材建设对这两方面思考的欠缺积累至今，造成了现在所使用的一些教材在一定程度上限制了学生积极参与技能操作的空间，同时也失去了成人学习者创新精神和实践能力培养的重要环节。如何处理好这两重关系，以现代教育理念指导教材的编制过程以及教材的教学过程，也是当前我们的成人教育教材革新要解决的重要问题之一。

（三）教材编撰缺乏规范化管理

第一，成人教育教材缺乏专门编撰人员。在普通高校成人学历教育中，由于缺少制度和要求，教材完全由任课教师本人选定，而任课教师大部分是从事普通高等教育工作的，习惯于普通高等教育模式；一些任课教师参照本科同类教材或是在中专教材的基础上进行增删，甚至常常不加区别地照搬普通全日制教材。由于缺乏对生产实际、职业岗位所需的专业知识和专项能力的科学分析，不能反映所设专业的特色需要，这些教材在内容上和形式上都给成人学习者的学习造成了一些困难。

第二，统编教材与自编教材管理情况混乱。学科不同，匹配的教材不同，

---

① 胡桂萍，白健，温静. 浅谈高职教材建设中存在的几个问题及措施［J］. 南京工业职业技术学院学报，2014，14（01）：52—53.

导致管理混乱。有的教材从经济利益角度出发，大量使用学校自编或参编的教材。这些自编或参编教材中，不排除有根据实际培养目标而编写的有特色的地方教材，但有些也存在此前所提到的内容滞后、偏重于知识和理论、低水平重复、不符合成人教育教学特征的问题，这在一定程度上严重影响了成人教育的教学质量。以农村成人教育教材建设为例，有研究者在调查和访谈中发现，"乡镇成人学校中农民学历提升的教材主要由高校教师编写，占到95%以上；新型职业农民培训教材主要是由中央农业广播电视学校、北京市农委组织高校教师编写，占90%以上。乡镇成人学校自主培训项目中，一部分教材是由乡镇成人学校教师、区域行业有经验的农民根据区域文化、产业特点编写的本土教材，占50%以上；另一部分为根据市场、网络资源编写的培训讲义，这部分教材作者很难界定（培训内容多样，由外聘教师选择教材），占40%左右；此外还有非政府组织编写的教材，但比例较小"[①]。

第三，教材建设队伍还比较薄弱。现在的一些教材质量之所以不高，达不到国家的要求，一个重要的原因就是我们的教材建设队伍在编写、审查、研究、使用、管理等方面上还显得比较薄弱。教材是育人的载体，直接关系到一代人的培养，其重要性不言而喻。但现在来看，教材的编写队伍有相当一部分还难以说是专业化、高水平的，长期、稳定、专门从事教材建设的人员比例还太低，很多人员是临时性、兼职性的。特别是在一些关键的队伍上，包括我们的管理队伍，管教材的一定要懂教材，要懂这个专业。如果管理队伍的水平提高了，整个工作状态就会大大改进，因此应成立教材管理组织。

第四，成人教育教材建设网络化技术尚不成熟。在互联网课程开发技术飞速发展的影响下，国内外出现了大批网课平台，网络教材、网络课程等资源通过这些平台呈现在学习者面前，例如现在有很多大学都在积极建设和制作的微课、视频资源、课件等。尽管这些网络课程资源教学水平较高，呈现方式很生动，也具有很强的交互性，但是由于技术或服务设备的不兼容，不同学校开发的网络课程一般只出现在本校的网络教学平台上，资源共享性较差，也导致一些优质的网络教学资源没能得到有效利用，出现了严重的资源浪费现象。

总的来说，成人教育有其自己的特点，就是教学过程需要重能力、重实践、突出科目主干，教材内容要简明扼要，便于自学。同时成人教育教材的编撰也应考虑新的社会经济现状和科学技术飞速进步的需求等实际问题。

---

① 李凌，陈平. 农村成人教育教材建设问题研究 [J]. 当代职业教育，2018（05）：96.

第十二章　中国成人教育教材的质量评价

　　教材是教学实施的重要依据，是教学内容和教学方法的传播媒介，也是实现人才培养目标的重要保证。可以这样说，教材质量是教材的生命，提高成人教育教材质量是当前及今后教材建设的核心任务。建设高质量的成人教育教材体系，对确保成人教育的质量、规格以及高素质人才的培养、实施终身教育、建设全民学习型社会的战略目标意义重大。

　　这些年来，我国成人教育教材建设工作取得了很多成就，整体水平有了巨大进步。成人学习者因其"在职业余学习"的特点，自学必定占有较大成分，这对教材的要求更高，也更为复杂。成人教育的教学质量不仅和教师的主观能动性、学生学习的自觉性密切相关，还有赖于教学所使用的教材是否合适，是否反映了教学的基本要求和特点，如果使用的教材在内容或形式上背离了成人教育的基本特点和要求，就会出现教学混乱，难保教学质量。所以，教材建设始终是成人教学中的一项最基础和最重要的工作，对成人教育教学质量的提高有着至关重要的作用。如何选择适合不同类型成人学习者的高质量教材，以满足学生多样化发展需要；如何评价当前使用的教材质量，以及如何提高教材出版质量是成人教育教学管理中亟待解决的问题。而当前的总体质量离我们的期待还有相当距离。所以，保证高水平、适用性强的教材进入成人教育领域，满足学生学习需要，是教材建设必须牢牢抓住的一个基础的、核心的、关键的任务。对此，我们不仅需要加强教材质量保障方面的研究，加强教材选用与评价，还要推进教材的规范化管理，构建科学、全面的教材质量保障体系，切实保障应用型人才培养质量的不断提高。

一、教材建设质量评价的依据

　　与其他教材相比，成人教育教材的品种更加多样，现代与传统成人教育教材无论在内容上还是在形式上都大有不同。而且相同科目教材雷同的情况也并不在少数。因此如何提高教材的质量、如何对教材建设的质量进行评价是一个难题。研究人员普遍认为教材质量建设要遵循教育教学规律、人才成长规律以及教材自身规律，然后再以此为基础，通过加强研究促进教材质量提升。具体而言，体现为以下几个"是否"。

(一) 是否适合成人教育的"教"与"学"

教材作为成人教育教学过程这种实践活动的一个重要媒介，参与这项活动的学生和教师都是主体。因此，对教材建设的评价，首要依据的就是是否满足教师的"教"和成人学习者的"学"。

第一，成人教育教材应当满足教师的专业创造和教学创新。无论是以什么形态呈现出来的教材，其作用首先应当是引导，将成人学习者引入学科，启发学生探索。定位是为教师的教学服务，而不是让教师屈从于教材的要求，或者禁锢、限制教师利用教材对教学进行建构和创造，为教师精心打造和提供可资利用的课程资源。成人教育领域的教师通常都是具有专业素养的学者或积累了行业经验的专家，而他们面对的学生不论知识基础还是教育背景都千差万别。因此，在教师的教学能力之外，教材是教师在教学过程中被加工和重新创造的对象，是教师在教学活动时需要加以利用的主要课程资源，教材的好坏也是成人教育教学成败的关键。

第二，应充分考虑成人学习者的实际情况，确立以学生为中心、为学生服务的观念。学生是教学的主角，应当按照教材提供的实际项目、按照教材中的诸多模块以及各个模块中要达到的岗位技能目标的要求，具体按照教材提供的案例，进行情境式的分析、决策、实施、评价。考虑到成人高等教育对象大多都是一些在职人员，自主学习是主流，甚至是唯一获得知识和技能的方式。因此教材建设上要为成人学习者建立不同的教材模块，增加更多的实例说明，方便他们在已有的知识、工作或生活经验的基础上进行自学时，也能迅速获取新的知识要点。学生在使用教材时需要能够真正体验到成人教育在工学结合、实践环节技能、实际动手能力等方面的培养。

第三，教材的呈现方式应考虑教师的需要和创造，建立更加开放的、科学的和人性化的教材观，为教材建设带来新的方式和方法。繁荣成人教育教材事业，提高教材质量的基础和关键是教师，充分调动教师编写教材的积极性尤为重要。应改变那种将所有事实和原理全部直接呈现的方法，在教学内容的安排上要给教学留有余地；教材不是教师的"圣经"，而是教师要去加工和创造的东西，教材设计要有意识地引导教师能动地乃至个性化地解读教材，并且鼓励有经验的教师编写出版高质量、有特色、有水平的教材建设支持政策。

此外，成人教育教材内容还应体现学科特性。编审成人教育教材首先要把握其内容的方向性，即坚持贯彻党和国家的教育方针和科教兴国战略，培养全面发展的人，以此来选择各门课程教材内容之间整体协调、有效配合、内容不重叠的教材以及内容最前沿、能够体现出该专业最新信息的教材；选择国家规划的教材和案例丰富的教材，并聘请行业专家指导教材前沿和实际应用部分的建设，及时删除不符合行业需要或时代需要的教材内容，研究加入最新科学技术与相应知识内容。

日常生活中，成人教育总是与继续教育、职业教育挂钩，这几种教育类型既有区别也有联系，但总的来说成人教育的内容还是更偏职业化和实用性。大部分时候，成人参加学习，就是为了迅速获取职业技能，学会某些方法、技巧，以用于实际生产工作。所以在对成人教育教材建设质量进行评价时，一定不能忽略教师、学生和学科这三个关键要素。作为教材的直接面向者，教师和学生对教材的使用和评价，最能够真实地反映教材建设和学科发展的水平和效果。通常情况下，教材所包含的是一定学科、社会文化的发展历程，在培养人的目标前提下，必然会对师生提出相应的教学目标和能力要求。因此成人教育教材建设的质量如何，最基础的就是要看对教材的思考、研究、内容的选择、编撰以及最后的呈现方式有没有围绕着教与学在开展。同时，成人教育中的学科专业特性往往特别显而易见，而在我们的教育教学过程中，教材能否很好地展现出这些专业性，能否适应行业变化及时调整教材体系以及教材内容，从而更好地引导教与学的方向，也是教材建设的一大难点。

（二）是否适应现代社会改革发展的要求

新时代对成人教育的培养提出了更多要求，为了跟上时代发展的步伐，适应新时代的行业个性，成人教育的教材也同样需要具备知识更新快、专门性与综合性相结合、理论与实际联系紧密以及对现代科学技术的充分应用等特点。

第一，教材建设必须适应改革教育思想、更新教育观念的新形势，教材内容要具有科学性和先进性。一本好的教材往往是教育教学改革成果的体现。教学改革的种种设想和试验要通过教材建设来体现，而教材建设反过来又推动和促进教学改革。在这一过程中，教学内容和体系改革是重点，需要具有一定的前瞻性，需要用现代化的思想、观念、价值来统率教材编制，反映新知识、新技术、新工艺、新方法以及时代要求。成人教育的教材不仅要介绍推进这些知识的改革创新，更重要的是要介绍如何推进改革创新，帮助成人学习者提高运用基本理论演绎推理以及分析和解决问题的能力。

第二，教材研究过程中必须积极探索提高教材质量的新途径，将教学内容、课程体系、教学方法的改革与教材研究相结合。应站在面向现代社会及未来发展的教学内容和课程体系改革的角度去思考，通过规划年度教材研究专项课题，在深层次上探讨教材建设与人才培养关系问题，为教材编写和选用管理提供理论指导，促进教材质量和教学质量提高。

第三，实施全面的教材选用制度，促使教师选择优秀精品教材，从而提高教材质量。有特色的教材不仅可以提高学校教材建设水平，还可以推进教学质量改革，提高课程教学质量。而精品教材应做到：对基本概念、基础知识进行准确清晰的阐述；所使用的讲解案例真实可靠；对科技事实和社会现象的描述清楚、准确；教材中安排的各类实验、实习方法、步骤正确无误，科学可行。

成人教育教材的建设不是对传统的保守，也不是知识的固化，更不是形式的孤立，必须与时俱进，与教育教学改革的目标和进度相适应，与社会发展的步调相一致，才能有更长远的进步。

二、教材质量保障体系构建对策

教材建设是教育事业的重要课题之一，教材既是对过去经验的总结，又是最新科学研究成果的展现，教材质量对各类教育形式来说，都有着重要的影响。这直接关系到培养人才的质量和对国家的贡献。因此，必须要构建教材质量保障体系。

（一）健全教材建设的组织管理

教材质量的高低直接影响培养目标能否顺利实现，对于培养学生的实践能力和创新精神发挥着至关重要的作用。

提高教材建设质量保障体系，要做好以下几方面的工作：

首先，要从组织方面保障教材建设。要建立健全教材建设与管理机构，成立相应学科门类的教材建设指导委员会，负责不同领域教材质量的规划、教材项目的打造、教材内容科学性的评价等方面工作。例如以学校为依托，设立的成人学历教育教材指导委员会可由学校分管教学的校领导、各教学单位负责人组成，并设立固定的办事部门，由专门科室负责教材日常监督管理工作。学校中的各教学单位也可以成立相应的教材建设工作组织，加强对教材建设与使用管理，保证教材质量。

其次，要制定教材选用管理规章制度，规范教材选用工作流程，杜绝教师随意选用和变更教材。教材不仅是知识的载体和教研成果的表现，而且能够反映教育教学的理念及教学水平。任课教师选择专业教材后，还需要经过系统的教研论证，将课程目标和教材内容结合起来，以提升教学质量。同时，这也要求我们教材管理者提高素质、努力钻研业务、积极开展教材研究、实行动态管理，去不断探索成人教育教材选用与保障的新方法、新机制，以实现选用最优、师生共进的目标。

最后，加强教材科学遴选，建立优质教材信息库。无论是学校还是机构，其相关管理部门都应当在教材选用前搜集各专业优秀、精品教材目录供教材编撰人员（例如此前提到的教材建设指导委员会，还有学科专业教师）进行参考，使教材在编撰、修订的过程中更好地吸纳本学科发展的前沿成果。此外，还要同步建立优质教材信息库，入库的教材应是经过专业委员会审核通过的本领域中的精品。在以后的教材编撰和修订的过程中可以将信息库中的教材作为参考，这样既保证选用优秀教材，又保证教材质量的稳定性。

（二）构建教材评价体系

现阶段我国成人教育教材建设存在有增长无发展的问题，多是因为市面上所使用的教材良莠不齐。为了准确掌握选用的教材信息，提高所选教材的质量，进一步对现行的成人教育教材质量进行科学化的分析，需要构建一系列切实可行、适合成人教育实际情况的教材评估体系，来对已选用教材和即将开发的教材进行多元化的评价。但构建一套适合成人教育特点的教材评价体系并不是一蹴而就的事，需要在对国内外现行教材评价体系研究的基础上，根据成人教育学校特色、不同专业特点以及人才培养目标，构建不同的评价指标。

对于成人教育学校的教师或行业短期培训师，教材质量的评价指标主要包括教材内容方面的更新、知识体系的完善、配套资料完整性以及学生自主学习能力培养等方面；对于成人学生，评价指标主要包括教材的掌握程度、对他们学习的启发和创新能力培养、学习成果是否达到预期目标等方面；对于行业，评价指标应主要包括教材的实用性、教材内容和岗位的适用性等方面。

在教材评价形式上还应当有所创新。在现代社会，网络终端程序的开发已经非常普遍，应避免传统的大量发放纸质调查问卷的方式，将互联网大数据的优势进行适当运用，减轻人工评价统计工作量，并将评价结果实时反馈给教材管理部门，以提高评价的时效性。

（三）完善教材评价反馈机制

反馈是有效控制的重要环节，是一种重要的事后控制手段。教材建设与管理的优劣，不是某一个人可以决定的，必须有追踪、有调查、有反馈。

首先，多渠道比较，严格把控教材质量的入口关。通常来讲，教材信息情报的收集与处理必须遵循"广、快、精、准"的原则。一般优先选用或参考教育部推荐的精品教材、官方规划教材或其他获奖教材，要在对照比较中择优，发挥优秀教材的导向作用，以提高成人教育教材选用的整体水平。

其次，教材是否符合选用标准，需要多轮专家评审。教材生成、使用后，教材主管部门要组织已经成立的教材评审委员会，开展教材评选活动，落实教材质量评估的调查工作，进行教材质量量化考核，促进优质教材脱颖而出。评选结果则可作为反馈信息予以保存，以便及时末位淘汰，并对后续的教材编写、选用提供借鉴与指导参考。

最后，选定教材，调查使用效果，及时收集反馈信息。在获取反馈的形式上可以更加丰富，比如在教研活动、师生座谈会、专家访谈会等活动中收集教师、学生对所用教材的反映；充分利用互联网、新媒体等方式获取教材的出版、使用、评价信息。通过问卷的形式在教师和成人学习者之间展开调查工作，看看师生是否满意目前使用的教材。对于评价结果不理想，即不满意或口碑较差的教材，在以后是继续使用还是弃用，均可以调查结果为依据再进行取舍。

与其他类型的教育一样，成人教育在今时今日越来越受到国家和人们的重视，所以教材的建设也要跟上时代的脚步。而教材建设的质量评价作为教材研究的一部分，能清楚明了地对优质教材的打造起促进、参考作用。当所选用的教材投入使用后，应对使用教材的学校、机构、教师、学生进行调查和评估。许多优秀教材都经过不断筛选，接受反馈和反复修订，质量才能得以不断提高。只有建立在这些的基础上，我们才能更好地去了解现行教材编写选用中存在的问题，才能结合成人教育教学改革和课程体系改革，使所选教材内容符合当前成人教学的需要。

第十三章 中国成人教育教材建设的未来展望

不同学习形式、学科门类在具体专业教学计划的实施过程中，沟通教师与学生、教学与学习、人脑与知识的最重要介质就是教材。而各级各类成人教材建设，一直是成人教育管理工作的重要内容，也是一直困扰成人教学的难题之一。

在当今信息化的时代里，我国成人教育教材已经远远不止于传统意义上的教科书，而是朝着类型越来越多元、呈现方式越来越多样的方向不断发展壮大。从总体上来看，长期以来，相关部门在成人教育教材建设上投入了大量人力物力。加紧编写成人学历教育系列的教材和辅导材料，如教育部高等教育司组织编写全国成人高等教育规划教材以及部分高校和出版社推出的专门为成人教育组编的系列教材等。因为是面向成人学习需求特点编写的，经过实践和逐步推广，发现大部分效果比较好，已成为成人学习者学习的主要教材。这样看来，成人教育教材建设也有所起步和发展。然而，特别是最近几年，成人教育因为专业的拓宽、新兴职业或岗位的增加，有的成人高等教育院校设置的成人教育专业由过去的几个发展到了几十个，教学内容和方式也发生了很大变化。相比之下，目前能提供给成人教育教学选择的教材，无论从数量还是质量上依然还有可以提升的空间。可以这样说，成人教育教材建设关系到我国成人教育未来发展的成效，我们的国家和社会还需为此做出不懈努力。

一、教材的科学化和规范化相结合

一个完善健全的成人教育教材编审体系，不仅需要具有外部性和强制性特征的法律支持系统来巩固其本源，更离不开教材内在的科学性和规范化。

第一，教材内容充分展现成人教育教材的科学性。和所有教材一样，成人教育教材的最基础功能依然是传授知识的，因此，就要求它所阐述的本学科的基本概念和基本原理必须是科学的，反映的应是科学上有定论的知识。不管是传统的科学文化知识还是当前新兴领域的内容都是如此，但作为教材的基本内容，应保证其科学性和正确性，这是最起码的要求。

第二，教材结构体系要满足专业科学技术与学科发展的需要。站在推动学科未来发展的角度，增加新知识、新技术和新方法，使教材足够的宽广和纵深，具有一定的前沿性。并且成人教育教材建设要与教学改革同步，使教材更好地为实现人才培养目标服务，要以新的专业目录为依据，正确把握 21 世纪教学内容和课程体系改革的方向，适应素质教育和创新能力、实践能力培养的需要，为学生知识、能力、素质协调发展创造条件。

第三，按照国家对成人教育的具体政策要求去把握教材。以成人教育特色为依据，选择能够体现基础性和职业性、理论性和实用性的内容。同时，还应当体现出不同专业、具体岗位的实际操作训练、技能技巧培养。此外，也要认识到教材与职业资格标准之间的融合。成人学习者在学完规定课程教材之后，不但能够取得学历证书，而且还能够取得与本专业相应的职业资格证书，因此成人学历教材的建设要符合"双证书"的培养模式需要。

第四，设立教材或教科书审定委员会和教材研究机构，建立成人教育教材或教科书选用标准。首先，由于现代化的成人教育所使用的教材或教科书有其独特性，即明显的行业特征、时代性、应用性、先进性等。所以，在扩大教材审定委员会方面，不仅需要有学院派的专家学者参与，更要有行业内专家及具有丰富经验的一线技术人员参与，共同完成教材的审查核准工作。其次，按照具体项目的实际学习需求，将教材内容以要点和知识点的形式分成若干模块，按照教材的具体模块进行教学组织，使成人学习者明确通过学习这一模块内容要达到的岗位技能目标，并对学习任务提出要求，对教学方法等方面进行阐述，并且予以检查和评价。然后，针对科学技术不断发展的新兴领域，在教材建设上提出的更高要求，通过出版界对各高等院校教材和国外先进教材的比较研究，并制定教材或教科书的选用与评价标准项目，作为选用及审定教材或教科书的依据。

第五，教材建设队伍规范化。成人教育教材的重要性大家有目共睹，但现在依旧面临很多问题。所以在规范教材建设队伍上，可以依据实际需要成立教材管理委员会，并按照教材编制、教材审查、教材出版发行、多媒体制作等类型进行分组，可由负责组织教学的部门或机构依照学生需要，整体研发校本教材或教学辅导资料。

总的来说，成人教育教材的选择和编审涉及的部门和领域比较广，但无论是团队的打造还是教材的打磨都应当适应新时代要求，都还有很大的努力空间，都还需要进一步下苦功夫、花大力气。

二、教材的专业化和实用化相结合

在很长历史时期里，我国成人教育的首要任务就是全面快速地提高国民文化素质，因此在全体国民中普及科技知识成为主要目标，例如新中国成立初期开展的扫盲教育和实用技术教育，就是以普及为主的成人教育，其教材的组织编写就坚持了以普及性为主的原则。而现代化的社会让成人教育与成人的工作、生产生活实际结合得越来越紧密，所以，有越来越多的声音提倡成人教育的各种形式应以提高生产效益为目的，编写更高标准的教材，并且以易于被广大成人学习者接受的简单精准的实用性内容为主。因此，未来成人教育教材的建设会朝着既有利于丰富成人学习者的文化理论知识，又能不断提高他们对先进科学技术的适应程度和使用能力，调动广大成人学习者的学习积极性，更有利于促进成人教育发展的方向打造，这就需要教材建设在专业性和实用化方面进行有机结合。

在专业化方面，要让教材体现出先进的思想性和科学的理论性。成人教育教材编写最重要的不是学科知识的简单堆砌，而是要主动介绍理论发展的最新成果，使成人学习者感受到新思想的启发、触动、震撼。教材中可以适当回顾历史，回顾历史的目的是更好地解决现实问题。用最新的理论成果指导、推进新的实践发展，既要体现出学科思想的深厚积淀，也要突出解放思想、实事求是、与时俱进、求真务实。此外，教师要想更好地把握教材、选择、使用教材，也应当努力使自己具备编写专业课程教材的能力，有足够的能力分辨和编写优秀的成人教育教材，并且对所教专业的新知识、新技术、新材料、新设备等的变化加以关注。

在实用化方面，因为成人教育的务实特点，学习最终面对的是解决现实问题、开展具体工作，要在教材编写时，注意成人学生的认知心理特点和学科自身的结构和规律。事实上，他们需要的是通过教材掌握做好工作、解决问题的方法，而不是止步于学术性、思想上的提高。因此教材建设的重点是紧扣成人教育的学习目标，既要"授人以鱼"更要"授人以渔"，不仅帮助成人学习者发现、分析问题，还要为他们解决问题提供思路和方法。当然，在实用性的基础上还要突出专题性。尤其对那些与实际生产和生活关系密切的专业教材，应当充分结合生产和生活实际，分专题就某个问题进行讲解，力求做到既讲透问题又不拖泥带水，充分发挥成人教育"短、平、快"的特色，从而达到既提高成人学习者的知识和技能，又不浪费时间和精力的教学目的。

总的来说，在未来编写成人教育教材时，应注意两个要点：一方面，要在原本只重知识传授的教材的基础上进行改革，注意各方面专业知识与实际工作应用的综合、良好思维习惯的养成、多种能力的培养等，使教材适应丰富多彩的教学需要。另一方面，教材作为教学内容，应该考虑到学科本身的体系。一门学科本身就是一个完整的概念体系，反映的是客观事物的发展规律和内在联系，通过学习科学的体系，学生了解社会的发展过程，每门学科各个部分内容之间都有其内在的逻辑关系。同时，也要建设一些培养学生思辨能力和创造性思维的有丰富专业知识的教材，以便为成人学习者搭建和扩充完整的知识结构。其实，教材都是为学生学习而编制的，如果不符合学生的认知特点，学生难以接受，教材的科学性也就无从谈起。只有当教材编写与学生的心理发展特点和学科的逻辑顺序达到和谐统一，这样的教材才是科学合理的教材。

三、教材的通俗化和个性化相结合

作为学生学习活动主要媒介，教材要成为"学材"，去掉生硬和冷冰冰的面孔，增加对成人学生的亲和力，就应当进行人性化打造，将以人为本注入教材建设的全过程，把握成人学习的特点，注重教材的通俗性、趣味性和实践性。

首先，巩固基础，通俗易懂，便于自学。因为成人教育大部分时间都是以自学为主，尤其是在教材帮助下的自学，因此，教材建设就要考虑便于自学的问题，其内容应当在基础知识之外，用通俗易懂的案例进行拓展解读。尤其是普及性的成人教育教材，无论从内容上，还是从形式上，都应当充分考虑到成人学习者的接受水平、学习时间等客观因素，尤其在编写形式上，应尽量遵循通俗易懂的指导思想，采用广大成人学习者喜闻乐见的方式。例如提供丰富的与成人学生生活背景有关的素材，从成人已有的经验和兴趣出发，让学生亲身体验、探索、思考和研究。

其次，教材内容要起着积极引导的作用。让成人学生主动将所学知识应用于实际，从学科角度对日常生活、生产和其他学科中出现的问题进行研究；要有利于引导成人学生积极参与教学活动过程，在学习活动的设计上提倡主动的、建构的、体验的、发现的学习方式，使成人学生真正成为学习的主体，从而为终身学习打好基础。保护和鼓励成人的创造天性，重视学习过程和学习结果的创造性和个性化，是教材设计以人为本的基本准则。此外，成人教育教材能在学科专业的基础知识上，增加科学的方法论以及启发性的思考题目和参考文献，使成人学习者学会科学的思维方法，发展创造能力。所以，一定要在教材的结构、内容上创新。

最后，打造突出个性的特色教材。各行各业都有自己的特色，参与学习的成人学习者也有不同的特点，成人教育的不同形式同样拥有自己的特色。在当今市场竞争日益激烈的社会中，无论成人学习者还是行业，抑或教育形式想要在竞争中脱颖而出获得成功，就要充分展现自己的特色。例如不少普通成人院校或教育咨询公司，需要形成迥异于其他同行的特色，就要求他们自己组织编写系列教材，在教育教学和知识理解上形成鲜明的风格特色，还要形成系列，这样更容易体现自己的教学风格特色。

因此成人教育教材建设不仅要有通俗易懂的风格，还要根据教育、行业以及学员的学习需要，在教材建设、教学方法打磨等方面进行个性化的实践，才能使真正拥有"人无我有，人有我优"的优势。

四、教材的现代化和多样化相结合

随着终身教育思潮和全民学习型社会的到来，成人高等教育日益暴露出了种种弊端。面对新时代的机遇和挑战，成人高等教育如何改革，以探求自己的发展道路，成为我们今天必须探讨的新课题，而多样化则是其中一个重要的发展趋势。

首先，新教育技术使学习方式更加现代化。在传统的教学方式中，教师是课堂的中心，知识的传递具有单向性，即从教师传向学生。网络教学的出现，在空间距离上，让教师难以面对面参与到学生的学习过程中，学生自主学习网络课程。从现在市面上大量的成人教育教学实践来看，线上线下结合的混合式教学模式强调通过整合网络信息技术与课程的手段，构建良好的互联网教学生态系统，有效弥补了单独使用某一种教学方式的弊病，不仅改变了传统的教学结构，学生的学习方式也发生了很大的转变，能创造出较佳的教学效果。而成人教育学校或者专门的教育培训机构会安排专门的助教老师，负责指导学生在线学习，调控学生的学习进度，对学生集中出现的问题进行汇总。同时，分析学生学习情况，为学生解答学习过程中遇到的各种问题。当然，这就需要学校或机构与网课平台建立起良好的合作关系，共同建设网络教学平台，以专业特点以及学科特征为基础，积极维护网络教学平台秩序，开发网络课程，制作和转化电子教材。通过整合成人教育课程资源，优化成人教育课程资源配置。

其次，成人教育的多样化需求亟待教材建设予以满足。成人教育为了满足成人学习者的需要，其教育类型日趋多样，有电大、自考、普通院校开办的函授和夜大及独立设置成人院校举办的各种学历教育，还有带培训性质的非学历教育（如高层次的继续教育、岗位培训和资格证书），在农村还有农民文化技术教育等。其层次包含从基础教育、中等教育一直到高等教育。其专业类别也丰富多彩、应有尽有。同一类型有不同层次和专业，同一层次有不同类型和专业，同一专业又有不同类型和层次。类型、层次、专业等因素形成了成人教育的多样化局面。任何一个因素的不同都会产生不同的教学需求。如在计算机教学方面，文科和理工科的教学要求就有一定差异。面对多样化的教学需求，成人院校的教材建设者理所应当编写出种类齐全的教材以适应教学的诸多需要。

再次，综合素质能力的培养目标要求教材丰富多样。随着科学技术的不断发展，成人职业岗位由单一工种向复合岗位转变，这要求成人教育必须打破传统的学科界限。因为人才市场不断反馈的信息表明单一知识结构的学生在就业竞争中不占优势，而且从生产实践来看许多问题仅仅靠某一专业的知识也是无法解决的，它需要集合各种有关知识综合分析解决。从多样化的发展趋势来看，教科书不会是教材的全貌。而成人教育教材的未来，需要对知识的深度和广度进行拓展，摆脱传统的学科式结构，打造综合素质能力，构建综合化教材，最终实现教材建设与成人职业综合发展的紧密结合。

五、教材的职业化和精品化相结合

当前有许多新兴行业不断涌现，例如国家人力资源和社会保障部在2020年新增了十个职业，包括区块链工程技术人员、社区网格员、互联网营销师、信息安全测试员、区块链应用操作员、核酸检测员、在线学习服务师、社群健康助理员、老年健康评估师、增材制造设备操作员。从名称上能够明显看到这些新增职业都带着互联网、新技术以及人文关怀的标签。毫无疑问，这些职业在促进就业的同时，也为成人教育增加了很多挑战，体现教材的创新性和打造精品化成人教育教材已被提上日程。

首先，教材的开发要跟上新兴行业崛起和传统行业改革的脚步。新兴行业的崛起，衍生了不少行业准入资格，要想进入这些行业工作，或者在这些行业里想要获得更快速的提升，继续充电学习是必需的。所以虽然教材的呈现势必滞后于行业的诞生，但为了保证行业能够稳定且长久地发展下去，教材的研发必须要紧随其后。与此同时，传统行业为了能够存活，也在积极进行改革，不断创新课程内容体系，以创新传统行业的传承模式。因此增加对多领域教材的研发，正是保持其创新性和生命力的重要条件之一。

其次，教材呈现要将传统与现代科技相结合。因为已经有了既成的知识经验和固定的思维模式，大部分成人在参与学习的时候都能够明显有一种学习的吃力感以及对新科技的不适感。习惯了纸质教材的成人，也要逐步适应电子教材这种无纸化的学习形式。而近年来兴起的手机终端学习和网络微课堂等碎片化学习等形式，给成人教育的教学改革提供了新思路。通过专业软件将授课过程录制下来，然后放置到网络或新媒体平台上。学生可以根据自己的学习时间灵活安排学习进度，选择视频或音频学习方式。而网络又为学生提供了实时或延时的互动和答疑条件，并有专人进行解答。这种模式很好地适应了成人学习的需要。没有整段的学习时间，没有脱产学习的条件，网络教学为成人学习提供了更便捷的方式，而网络课件回放功能的开发，对工作时间与学校上课时间冲突的学生来说，也等于增加了额外的学习机会。此外，网络上还可以添加与纸质教材内容相关的视频、动画资源，甚至运用 AI 技术，营造虚拟现实的学习环境，激发学生的学习兴趣，引导学生自主学习。鉴于现代媒体技术的便捷性和时效性，教师还可以充分运用微博、微信、电子邮件、聊天工具等网络交流工具来跟踪学生的学习情况，答疑解惑。

最后，教材建设要打破传统观念，继续探索"一纲多本"的多元化教材建设之路。教材是教学之本，教材建设的创新性和精品化打造是成人教育特色建设的核心之一。一方面，不可忽视教材的趣味性，每一项专业学科知识中都蕴藏着无比丰富巧妙的思想方法，而成人教育的教材也需要在探讨基本理论的基础上，穿插丰富案例，提出切实可行的教学建议，使成人学习者能够举一反三。另一方面，在我们所提到的注重教材建设的质量上，教材的精品化打造建设是重要的内容之一。无论是学历教育还是职业技术教育，国家颁布了统一的教学大纲之后，各成人教育学校或职业培训机构如何将其进行消化，并打造出具有品牌效应的精品教材，是未来成人教育教材建设的难点。"所谓精品教材，是指反映国内外课程建设与学科发展最新成果和最高水平，体现现代教育思想，具有先进性、科学性和教育教学的适用性，充分动用现代教育技术、方法和手段，经多年教学改革实践检验，教学效果显著，以立体化形式呈现的教材。"[1] 教材的多元化、精品化打造还需要国家、社会、行业、专家、教师的共同努力。从对成人教育教学和专业的理解和准确把握着手，改革教育教学内容体系，分析领会教材和师生之间的关系，用不同的角度和方式，带动未来成人教育教材的精品化建设。

面对成人教育教材建设的未来，我们必须认清一个事实，即永远不存在理

---

① 崔有为，王淑莹，彭永臻. 构建精品教材推进精品课程建设 [J]. 中国现代教育装备，2008（06）：12.

想的教材。理论知识的外延在不断拓展，科学技术在不断更新和发展，未来的教育可能远远超出我们当下想象。与时俱进，在变化中寻求改革和进步，在建设中认真思考教材与人、教材与社会、教材与教育的关系，才能为成人教育寻求长远发展助力。

主要参考文献

一、专著类

卞敏，2009．魏晋玄学 [M]．南京：南京大学出版社．

查有梁，1998．教育建模 [M]．南宁：广西教育出版社．

邓洪波，2000．中国书院学规 [M]．长沙：湖南大学出版社．

董纯朴，1990．中国成人教育史纲 [M]．北京：中国劳动出版社．

高时良，2001．中国古代教育史纲 [M]．北京：人民教育出版社．

何东昌，1998．中华人民共和国重要教育文献（1949—1975）[M]．海口：海南出版社．

金忠明，2009．中国教育史研究 [M]．上海：华东师范大学出版社．

李兵，2005．书院与科举关系研究 [M]．武汉：华中师范大学出版社．

李学勤，1999．春秋穀梁注疏 [M]．北京：北京大学出版社．

刘军，2004．社会网络分析导论 [M]．北京：社会科学文献出版社．

路宝利，2011．中国古代职业教育史 [M]．北京：经济科学出版社．

罗家德，2010．社会网分析讲义 [M]．北京：社会科学文献出版社．

毛礼锐，沈灌群，1983．中国古代教育史 [M]．北京：北京大学出版社．

曲士培，2006．中国大学教育发展史 [M]．北京：北京大学出版社．

石鸥，方成智，2012．中国近代教科书史 [M]．长沙：湖南教育出版社．

石鸥，吴小鸥，2009．百年中国教科书图说（1949—2009）[M]．长沙：湖南教育出版社．

孙培青，2009．中国教育史 [M]．上海：华东师范大学出版社．

唐明贵，2009．论语学史 [M]．北京：中国社会科学出版社．

吴雁南，秦学顺，李禹阶，2001．中国经学史 [M]．福州：福建人民出版社．

夏家夫，焦峰，1999．成人教育管理概论 [M]．开封：河南大学出版社．

夏杏珍，1999．五十年国事纪要 [M]．长沙：湖南人民出版社．

熊承涤，1985．中国古代教育史料系年 [M]．北京：人民教育出版社．

杨荣春，1985．中国封建教育史 [M]．广州：广东人民出版社．

杨智磊，2007. 中国考试制度管理史 [M]. 郑州：中州古籍出版社.

袁征，1991. 宋代教育——中国古代教育的历史性转折 [M]. 广州：广东高
　　等教育出版社.

曾天山，1997. 教材论 [M]. 南昌：江西教育出版社.

张岂之，1990a. 中国儒学思想史 [M]. 西安：陕西师范大学出版社.

张岂之，2008b. 中国思想学说史 [M]. 桂林：广西师范大学出版社.

郑金洲，2002. 中国教育学百年 [M]. 北京：教育科学出版社.

二、期刊论文类

陈立鹏，李娜，2010. 我国少数民族教育 60 年：回顾与思考 [J]. 民族教育
　　研究（1）：5-13.

陈志刚，2013. 历史研究法在教育研究运用中应注意的要求 [J]. 教育科学研
　　究（6）：76-80.

程良宏，2015. 从教材改革到文化变革：基础教育课程改革的视域演进 [J].
　　教育发展研究，33（2）：47-52.

方成智，2008. 建国初期识字课本分析 [J]. 湖南师范大学教育科学学报
　　（5）：41-44.

高权德，2005. 试论明代的教育及其管理制度 [J]. 山西大学学报（哲学社会
　　科学版）（6）：113-118.

高志敏，纪军，2005. 在"成人"与"教育"之间——成人教育学科发展的回
　　顾与展望 [J]. 教育研究（2）：32-36.

关海君，2018. 知识性与趣味性：开发数字化教材的重要视角 [J]. 教育理论
　　与实践，38（23）：43-45.

郭文斌，方俊明，2015. 关键词共词分析法：高等教育研究的新方法 [J].
　　高教探索（9）：15-21+26.

郭学信，2002. 论宋学兴起的原因 [J]. 山东师范大学学报（人文社会科学
　　版）（6）：93-96.

赫广霖，2007. 论北宋经学因变 [J]. 宁夏社会科学（6）：112-115.

王俊琳，李太平，2020. 个性"成人"教育的生成逻辑与创新理路 [J]. 广西
　　社会科学（12）：181-185.

吴咏诗，1995. 终身学习——教育面向 21 世纪的重大发展 [J]. 教育研究
　　（12）：10-13+9.

郗戈，2021. 马克思的历史时间观与时代精神的历史定位 [J]. 中国社会科学

评价（1）：76-79+158.

徐超富，1993. 试论函授教材的建设［J］. 现代远距离教育（4）：50-56.

杨燕，刘立德，2018. 改革开放40年来教育学教材研究的回顾与展望［J］. 课程·教材·教法，38（4）：16-24.

杨元业，2002. 浅论先秦时代"士"阶层与道德教育传播［J］. 湖北大学学报（哲学社会科学版）（6）：106-108.

袁梅，苏德，江涛，2019. 新时代民族教育的应然价值观照［J］. 教育研究，40（10）：102-108.

袁振国，2017. 实证研究是教育学走向科学的必要途径［J］. 华东师范大学学报（教育科学版），35（3）：4-17+168.

张倩，黄毅英，2016. 教科书研究之方法论建构［J］. 课程·教材·教法，36（8）：41-47.

张雪红，2006. 论宋代国子监教育传播的新特征和传播职能的转变［J］. 河南大学学报（社会科学版）（4）：19-28.

钟伟金，李佳，杨兴菊，2008. 共词分析法研究（三）——共词聚类分析法的原理与特点［J］. 情报杂志（7）：118-120.

朱华，夏永庚，2021. 从"知识本位"到"素养本位"——新中国中小学教科书编写的改革与发展研究［J］. 全球教育展望，50（5）：58-68.

后 记

想要研究教材的想法诞生于十年前我还在读硕士的时候。彼时，学术训练才刚刚开始，就以成人教育教材的发展史作为研究对象，想要写一本具有一定学术水平的专著，似乎有点初生牛犊的闯劲，可能更多的还是愚公移山的冥顽。尽管过程中有不少好心的老师觉得这个选题不太能很快出成果，劝我换换思路，但最终我还是坚持了下来，每个朝代逐一地搜集古籍，逐一地发掘古人在成人教育领域闪闪发光的思想。当年图书馆卷帙浩繁的故纸堆到如今硬盘内超大容量的电子书，无不见证了我在学术之路上的蹒跚而行。中途因为工作的原因，暂别了阅读和写作，但最终还是在恩师们和挚友们的鼎力相助下，完成了一直以来想要在前期微薄的研究成果基础上写一本学术专著的愿望。在这里，感谢我的博士生导师刘世民教授。刘老师很少给我压力，也不会半夜三更催我交稿子，一路为我披荆斩棘，就只为助我乘风破浪！特别感谢卢德生教授。是他，在我迷茫的时候，递上思想的火把；是他，在我低谷的时候，点亮再出发的灯塔。千言万语难以表达我的感谢之情。还要感谢我的硕导邵晓枫教授。作为开门弟子的我，很长一段时间都没有做研究，没有把读书期间的劲头持续下去。每当想到这里就觉得很惭愧。还要感谢我中学时代的杜延伟、桑梓伦、江晓英、杨雪梅等老师，是他们在我还是个中学生的时候，在我心里种下了一粒写作的种子。如今这颗种子已经发芽开花，渴望在今后漫长的日子里茁壮成长。还要感谢四川大学出版社的陈克坚老师。感谢他逐字逐句地编审书稿，也感谢他对我一而再、再而三拖延交稿时间的忍耐。感谢《广州广播电视大学学报》的牛丽娜老师，是她让我发现了自己写作的能力。除此之外，还要感谢李明燕、潘香夷、郑嘉玲、邓也、易静、胡若雪、赵俊、陈璐在成书过程中的种种帮助。还感谢默默关心爱护我的可敬可爱的爹妈、师长和朋友。写完这篇后记，想必这本书的写作就该暂时画上句号了吧？但成人教育教材研究的路途还长得很，担子也还重得很。所以，朋友们，我们一起努力吧！

作者 2021 年 6 月 28 日于狮子山榕园